GÉRARD.

IMPRIMERIE DE MADAME VEUVE POUSSIN,
Rue et hôtel Mignon, n. 2.

GÉRARD

OU UN

GROGNARD DE L'EMPIRE.

Par Mardelle,

AUTEUR D'UNE NUIT AU FORT DE DERPT,
DE LA CHUTE D'UN GRAND HOMME,
DES PRINCES NORVÉGIENS, DE GUSTAVE WASA, ETC.

TOME PREMIER.

PARIS,
LECOINTE ET POUGIN, QUAI DES AUGUSTINS;
CORBET, QUAI DES AUGUSTINS;
PIGOREAU, PLACE SAINT-GERMAIN;
MASSON ET YONET, RUE HAUTEFEUILLE.

1833.

GÉRARD.

CHAPITRE PREMIER.

—

« Vive Bonaparte ! vive le premier Consul ! vive notre libérateur ! le père de la patrie ! le sauveur de la France ! Honneur au grand homme ! » Telles étaient les acclamations d'une foule immense, rassemblée sur la place du Carrousel, au moment où le chef de la Républi-que française passait la revue de la garde consulaire dans la cour des Tuileries. Cette troupe qui, un mois auparavant, avait puissam-ment contribué à la victoire de Ma-rengo, n'était de retour à Paris que de la veille, et c'était la première fois qu'elle revoyait le grand capi-taine qui venait de terminer cette *campagne*, appelée *des trente jours*, dont les prodiges offraient le ré-sultat de causes presque surnatu-relles. L'enthousiasme des soldats était d'autant plus grand que Bona-parte, en passant dans leurs rangs, adressait des paroles bienveillantes à ceux qu'il reconnaissait. Il distri-bua des sabres d'honneur aux braves qui s'étaient particulièrement distingués sous ses yeux; et cette manière de récompenser le courage militaire était un moyen infaillible de rehausser le cœur de ces hommes déjà fiers de s'entendre appeler les premiers soldats de l'Europe. Huit grenadiers et six chasseurs de cette garde venaient de recevoir l'arme d'honneur; il ne restait plus qu'un seul homme, un sergent, qui n'eût pas encore participé à la récompense guerrière. Il ne portait pas l'uniforme du corps d'élite; mais sa belle tenue était remarquable, même sous l'habit des soldats de la ligne. Le premier Consul l'accueillit de cet air qu'on lui a vu sur tous les champs de bataille, lorsque, remerciant ses soldats du sourire et du geste, il s'assurait, avec un mot, du dévouement de six cent mille hommes.

— « Tu t'appelles Gérard; approche, et prends ceci, mon brave. Je t'estime, et voilà qui te le prouve. En plus d'une circonstance tu t'es conduit en homme de courage. Je te nomme sous-lieutenant dans la garde, où tu comptes déjà comme sergent depuis Marengo.

— Citoyen Consul, répond Gérard, comment reconnaîtrai-je un honneur aussi grand!

Et Gérard pleurait de joie en voyant luire sur sa poitrine l'insigne de l'honneur.

— « Messieurs, dit Bonaparte en se retournant vers les officiers généraux groupés derrière lui, j'ai dû rendre hommage à la bravoure de cet homme : il était caporal de la vingt-huitième demi-brigade de ligne lorsque nous forçâmes le passage de la Bormida, et fit, à la tête de dix soldats seulement, mettre bas les armes à deux compagnies de grenadiers autrichiens du corps d'armée commandé par le général de Zach. »

En ce moment une grande rumeur partit du milieu de la foule qui se pressait le long du palais des Tuileries pour voir de plus près les vainqueurs de Marengo et le chef qui les avait conduits à la victoire. On vit s'agiter en même-temps le peuple et les gendarmes d'élite chargés d'empêcher la multitude de pénétrer dans l'enceinte réservée aux troupes. Un accident confusément expliqué venait d'avoir lieu. Bonaparte dirige aussitôt son cheval vers le lieu du tumulte, et questionne ceux qu'il trouve rassemblés.

« Citoyen premier Consul, répond un adjudant du palais, c'est un pauvre militaire invalide, qui, sans doute, pour mieux voir son ancien général, a eu l'imprudence de monter sur l'une de ces bornes; et, comme il a une jambe de bois, il a fait une chute.... Vous êtes témoin de l'empressement des gendarmes et de ces citoyens qui l'aident à se relever... Le voilà debout maintenant; je ne pense pas qu'il se soit blessé.....

—Voilà une figure que j'ai vue quelque part, s'écrie Bonaparte; puis s'approchant de l'invalide : vous êtes-vous fait mal, mon brave?

— Au contraire, général... puisque cette occasion me procure le bonheur de vous voir de plus près.

— Mais... je ne me trompe pas... tu as fait avec moi la première campagne d'Italie ?

— Je m'en fais honneur, général ; j'étais même près de vous au passage du pont de Lodi, où, comme vous voyez, j'ai laissé ma jambe droite.

— Oui, oui, brave homme, je te reconnais.... Tu te nommes Bontemps.... Tu étais grenadier dans le neuvième de ligne.

— Avec une aussi bonne mémoire que la vôtre, citoyen général, vous n'avez sans doute pas oublié qu'après la bataille vous vous êtes informé de moi, et que, d'après votre recommandation, on a pris le plus grand soin de ma blessure.

— Tu t'étais bien montré dans cette affaire; rien que de tout simple en cela.... Mais, mon ami, tes yeux sont humides... Tu as pleuré... Souffrirais-tu de ta chûte?

— Allons donc, général, est-ce que nous sommes sensibles à ces choses-là, nous autres vieux soldats? C'est bon pour des conscrits...

Cependant, puisqu'il faut vous le dire...... oui, c'est vrai.....j'ai pleuré.... d'abord en revoyant mon ancien général, ça m'a rappelé tant de choses!..... Et puis, quand je vous ai vu donner un sabre d'honneur à Gérard, mon beau-frère.... Oh! alors, je n'ai pu y tenir..... J'ai pleuré comme un enfant..... Voilà l'effet que ça me fait toujours, moi, quand on me prend par le cœur.

— Je suis content de connaître les liens qui existent entre Gérard et toi, et je n'oublierai pas deux braves dont j'ai tant à me louer. »

Bonaparte laissa Bontemps au milieu d'une foule de citoyens, dont la plupart crièrent *vive le premier Consul!* tandis que l'invalide, félicité par les autres, paraissait tout fier de l'honneur qu'il venait de recevoir.

Bientôt la garde défila devant Bonaparte, et sortit de la cour des Tuileries. Bontemps, qui n'avait rien de plus pressé que d'embrasser son cher Gérard, dont il était séparé depuis plus d'un an, suivit, aussi vite qu'il le pût, cette troupe qui se rendait à la caserne du quai d'Orsay. Il entra dans la grande cour, où il rejoignit son beau-frère. Dès que Gérard l'aperçut, il vola dans ses bras.

« Ah! c'est toi, mon cher Bontemps; quel bonheur! Je revois mon meilleur ami, et bientôt j'embrasserai ma chère Louise et ma bonne sœur.... Mais, dis-moi : comment va-t-on chez toi?

— A merveille, frère, à merveille.... Oh! tu auras peine à reconnaître ta fille, tant elle est grandie; quant à Manette, ma femme, elle se porte comme le Pont-Neuf.

— Quel heureux jour!.... Si tu savais, Bontemps, tout le bien qui m'arrive à la fois!....

—Parbleu! je suis dans le secret des principales causes de ta joie : je viens d'assister à la distribution des sabres d'honneur, et, Dieu merci, tu n'a pas été oublié... Avec quel plaisir j'ai vu le premier Consul t'adresser la parole! Que te disait-il donc?

— Des choses que je n'oublierai de ma vie.... Apprends, frère, qu'après m'avoir remis cette arme, où mon nom est gravé, il m'a nommé sous-lieutenant dans la garde consulaire.

— Te voilà donc officier! Touche-là, et félicitons-nous réciproquement..... car tu ne sais pas, mon ami.... et moi aussi, il m'a parlé!.. et je redirai plus d'une fois, avant de mourir, les bonnes paroles qu'il m'a adressées!.... A propos de mémoire, il faut que le citoyen en ait une fameuse, car il m'a abordé comme une vieille connaissance, et m'a tout de suite appelé par mon nom.

— Cela ne m'étonne pas... c'est un homme extraordinaire en tout.

— Oh! c'est bien vrai! Un fier homme que ce Bonaparte!... et j'ai dans l'idée qu'il ira loin.... Mais, frère, revenons à ce qui te concerne.... Te voilà donc sous-lieutenant, et dans la garde encore!.. Diable! c'est une bonne affaire!... Je ne me sens pas d'aise; il faut que je t'embrasse.... Vive la joie! oui, tu as raison; voilà une journée bien heureuse pour toi et pour ta famille.. Suis-moi; il doit te tarder de revoir ta chère enfant et ta bonne sœur... Viens, viens; elles t'attendent avec impatience.

— Impossible, ami, de quitter

de suite le bataillon; mais je ne tarderai pas à te rejoindre.

— Ah, tu as raison, Gérard, la discipline avant tout! .... Mais j'espère que tu ne te feras pas attendre long-temps.

—Sois-en sûr. A propos, où demeurez-vous maintenant?

— Toujours au même endroit, rue Saint-Dominique, la première maison à droite, tout près du quinconce des Invalides.

— C'est bon.... Au revoir. »

Les deux amis se quittèrent: Bontemps, au comble de la joie, se dirigea vers la rue Saint-Dominique en sifflant l'air *du Chant du Départ*. En entrant chez lui, il trouva sa femme et sa nièce occupées à repasser du linge.

« Bonne nouvelle ! s'écria-t-il, bonne nouvelle !.... Il est arrivé.

— Qui donc ? demande madame Bontemps.

— Eh parbleu ! Gérard.

— Mon frère !... est-il possible ?

— Quoi! s'écrie Louise hors d'elle-même : je vais revoir mon père.

— Oui, mon enfant, il va bientôt vous embrasser toutes deux. Je viens de le laisser dans la caserne du quai d'Orsay, où il est retenu pour affaire. Comme il nous avait écrit qu'il sortait du vingt-huitième de ligne pour entrer dans la garde, je m'attendais à le revoir d'un jour à l'autre. Ce matin, j'apprends que ce corps, arrivé de la nuit, allait passer la revue du premier Consul ; je me rends aussitôt dans la cour des Tuileries, où effectivement je vois l'ami Gérard. Jugez de ma joie : on à distribué des sabres d'honneur, et Gérard en a reçu un avec le grade de sous-lieutenant.

— Ainsi mon frère est officier !

— Quelle heureuse nouvelle !.... Ma tante, préparons-nous à recevoir mon bon père.

— J'y pensais, ma petite, j'y pensais.... Allons, laissons-là ce repassage.... Au diable les pratiques ; elles attendront... Voyons, Louise, dépêchons-nous : apprêtons un bon repas pour fêter le retour de ton père.

Madame Bontemps se munit d'un panier, et sortit. Louise, aidée de son oncle, fit les préparatifs nécessaires, et quand la tante revint, elle trouva tout disposé ainsi qu'elle l'avait recommandé.

« Hé bien ! femme, lui dit l'invalide, qu'apportes-tu ?

— Du jambon, un fromage de Neuchâtel, des poires et du raisin.

— Diantre, quel effort !... C'est-là le déjeuner que tu veux offrir à ton frère !

— Crois-tu que je ne sache pas ce qu'il faut faire ?... Sois donc tranquille, notre homme ; il ne manquera de rien. D'abord le rôtisseur d'en face vient de mettre à la broche un poulet que j'ai choisi moi-même, et qui me coûte trois livres dix sous : c'est un morceau de roi. J'ai aussi commandé chez le pâtissier de la rue de Bourgogne une tourte au godiveau avec des écrevisses.... Et tiens..., voilà le garçon du marchand de vin du coin qui nous apporte huit litres d'excellent vin à quinze, et une bouteille de bonne eau-de-vie de Cognac.... j'ai ici de quoi faire un peu de café.... S'il n'y a pas là de quoi régaler un officier de la garde.... il faut le dire, notre homme.

Quand le garçon marchand de vin se fut retiré, Bontemps mit deux bouteilles sur la table, rangea les autres sur la cheminée, et les contemplait avec joie, lorsqu'on entendit du bruit dans l'escalier... Allons, Louise, vois donc si ce n'est pas ton père qui monte, s'écria Bontemps.

En effet, c'était lui, et ses cris de joie, mêlés à ceux de sa fille et de sa sœur, qui venaient de s'élancer sur le palier, se firent entendre aussitôt. Gérard, après avoir reçu leurs embrassemens, les suivit auprès de son beau-frère, qui le serra de nouveau dans ses bras. Après les épanchemens réciproques de la plus vive tendresse, chacun prit place à la table.

Sur l'invitation de Bontemps, Gérard raconta la bataille de Marengo et la mort du brave Desaix, sans oublier les chances terribles de cette journée, où la victoire fut près de nous échapper.

— Il faut avouer que Bonaparte s'en est tiré avec bonheur ; car il paraît que, sans l'arrivée du malheureux Desaix, et l'intrépidité de Kellermann, la journée était bien aventurée.

— C'est vrai ; mais le premier Consul, en général habile, a su profiter de la victoire ; et cette bataille, à jamais mémorable, doit décider du sort de la France ! Quel triomphe pour notre armée ! Avoir vu des milliers d'Autrichiens mettre bas les armes, et l'aigle des césars tomber aux pieds du drapeau tricolore !

— Ah ! que n'étais-je là, Gérard ! j'aurais fait comme les autres ! Maudit soit le boulet qui m'a emporté la jambe ! Faut-il que, depuis cinq ans, je me voie condamner à l'inaction.... et que ce soit pour toute ma vie ! Mordieu ! je me damne chaque fois que j'y pense : être invalide à l'âge de trente-six ans ! Cette idée me fait donner quelquefois à tous les diables ?

— Allons, allons, reprend vivement madame Bontemps, voilà encore les grands mots ! Ne vas-tu pas recommencer à te plaindre de ton sort ! Ça te rendra-t-il ta jambe ? D'ailleurs, te voilà bien malheureux avec moi ? Est-ce que je ne te rends pas la vie agréable ?

— Oh ! pour cela si, ma chère Manette ! c'est la pure vérité ; je n'ai qu'à me louer de toi.... Oui, sans doute, je puis me vanter d'avoir la meilleure des femmes.... Propre, laborieuse, économe et complaisante ! Ah, complaisante ! au point que ça m'obsède quelquefois, franchement. »

Madame Bontemps venait de prendre son air rêveur. Il se fit un moment de silence, pendant lequel nos convives semblèrent redoubler d'acharnement sur les comestibles. Enfin, un long soupir annonça que la bonne Manette allait renouer la conversation. Ce prélude n'était jamais trompeur; aussi reprit-elle ainsi, en levant la tête de l'air du monde le plus dégagé :

— « Ah! si notre homme avait eu un peu d'ambition, il aurait, comme tant d'autres, fait son chemin dans la troupe. Ayant déjà fait un congé dans le régiment de Rouergue, il aurait pu, lors de la formation des volontaires nationaux, obtenir un grade, et il jouirait aujourd'hui d'une bonne retraite. Mais il a préféré partir comme simple grenadier dans le troisième bataillon de Paris, *malgré qu'on le tourmenté* pour lui faire accepter le grade de lieutenant.

— Il est vrai qu'il ne tenait qu'à moi; mais, à cette époque, les têtes étaient montées, et l'on ne pensait qu'à servir son pays. Quel beau dévouement! quel enthousiasme! Nos cœurs étaient tellement embrâsés de l'amour de la patrie, que c'était à qui montrerait le plus de zèle et de désintéressement. Quant à moi, qui venais de succéder à mon père dans sa charge d'inspecteur de la petite voirie, place qui rapportait cent pistoles; dès que la patrie fut déclarée en danger, je m'enrôlai comme simple soldat, après m'être habillé et équipé à mes frais.

— Et moi donc, mon cher Bontemps, répliqua Gérard, n'ai-je pas fait à peu près les mêmes sacrifices que toi? Ne me suis-je pas aussi enrôlé volontairement?

— J'en conviens; mais tu n'es parti qu'en 93, et il y avait déjà plus de dix-huit mois que les bataillons de première levée faisaient le coup de feu. »

Ici madame Bontemps se leva comme un trait.

— Voilà, par exemple, une bonne raison.... Est-ce que mon frère pouvait le faire plus tôt? Aurait-il eu le courage de laisser là sa femme et sa petite Louise, à peine âgée de six ans?.... Et puis, au dix août, est-ce qu'il n'a pas été faire le coup de fusil contre les Suisses; aussi, à l'attaque du château des Tuileries, il a attrapé une balle dans la cuisse.

— Il s'agissait alors de renverser le trône, ma sœur; et, d'après mes principes, je devais combattre les satellites du tyran.

— Ah! v'là les grands mots! A

qui persuaderas-tu que Louis XVI était un tyran?

— Ce n'est peut-être pas le mot; mais c'était un parjure. Tandis qu'il jurait de maintenir la constitution, et qu'il se déclarait le protecteur de la liberté, il faisait passer des sommes considérables aux émigrés et à ses frères, pour organiser la guerre civile, et traitait mystérieusement avec nos ennemis, auxquels il voulait livrer notre pays. En détrônant Louis XVI, on fit un grand acte de justice et de raison. Entre un individu et le pays menacé, il n'y avait pas à balancer; la république fut proclamée, et la France sauvée par elle. On reproche toujours aux révolutionnaires les excès auxquels ils se sont portés; certes, je suis loin d'approuver les horreurs qui ont été commises; mais, au milieu du mouvement qui s'est opéré, et des résistances que la révolution rencontrait sur tous les points, pouvait-on éviter les malheurs qui ont eu lieu? Non, sans doute; et si les modérés avaient dirigé les affaires, la France eût été démembrée; elle fût devenue le partage des puissances étrangères.

— Ça n'empêche pas, mon frère, que ça été un rude temps à passer... Tu ne peux avoir oublié le maximum, le pillage des boutiques, les massacres de septembre, les comités révolutionnaires, les visites domiciliaires, et bien d'autres vilaines choses : enfin, c'était pour ne plus assister à toutes ces horreurs que tu es parti pour l'armée.

— J'ai fait comme beaucoup de

braves gens de ma connaissance, qui se sont réfugiés dans les camps.

— Il est certain, reprend Bontemps, qu'à cette époque, pendant que nous combattions les ennemis de la France, nos familles étaient sous le joug des sans-culottes. Il n'y avait que cela qui me déplaisait dans notre révolution... C'était vraiment par trop fort de voir des gredins de cette espèce faire la loi même aux meilleurs patriotes. Grâce à Bonaparte, ces farces-là ne recommenceront plus.

— Il n'y a pas de danger; le chef du gouvernement a une volonté trop ferme pour souffrir qu'un pareil régime se renouvelle jamais.

— Oh! pour cela, frère, je pense bien comme toi; le régime des sans-culottes est fini. Mais si je suis tranquille sur leur compte, d'un autre côté, quand je pense au *petit caporal*, je ne suis pas entièrement rassuré.... Je me dis quelquefois : voilà un gaillard qui a du toupet. Il a bien servi au siége de Toulon; il a frotté les muscadins de Paris, le 13 vendémiaire; il a fait des prodiges en Italie; mais le voilà maintenant premier consul!... En restera-t-il là? C'est ce qui me tourmente... parce que, vois-tu, je suis républicain dans l'âme; et si ton Bonaparte, que je soupçonne pas mal ambitieux, allait détruire notre liberté, je t'avoue que je ne serais pas son partisan.

— Crois-tu, mon ami, que je sois moins républicain que toi? Cependant j'ai conservé la meilleure opinion des sentimens de notre géné-

2.

ral. Je ne puis oublier ses proclamations à l'armée d'Italie : elles étaient brûlantes de patriotisme.

— Je me les rappelle également: elles étaient en effet admirables; mais le pouvoir a tant d'attraits! Le voilà déjà premier consul : s'il allait vouloir être roi!

— Qu'est-ce que tu dis, roi? Il n'est pas homme à descendre si bas.... Le plus grand des rois ne lui va qu'à la ceinture.

— Ah ça! mes amis, continue madame Bontemps, assez causé du petit caporal! Quand on parle de ce luron-là, on n'en finit jamais.... Occupons-nous un peu de nous; croyez-moi, mangeons, buvons et réjouissons-nous... Toi, Louise, emplis nos verres, et trinquons, mes amis !.... A la santé de mon frère Gérard. »

Tout à coup une rumeur éclatante et prolongée vint jeter l'alarme parmi les convives.

Au même instant, des voix confuses crient, *arrête ! arrête !*

— « C'est dans la rue....

— Quelque voleur qu'on poursuit, » dit Louise un peu tremblante.

Elle pose sur la table la dernière bouteille qu'elle tenait, et court à la croisée, où sa tante était déjà. Son père et son oncle quittent aussi leur place et regardent dans la rue, par-dessus la tête des deux curieuses.

— Hé ! dit Bontemps, c'est un homme que des soldats poursuivent à toutes jambes... Il fuit de ce côté.

— Il est bien mis.... Oh ! ce n'est pas là un voleur.

— Tu as raison ; il a une mine d'honnête homme.

— Mon dieu ! s'écrie madame Bontemps, voilà qu'il entre dans notre maison.... Vous verrez que la garde viendra l'y chercher.

— Il se sauvera sans doute par la petite porte qui donne sur le quinconce : elle reste ordinairement ouverte pendant le jour.

— Ou peut-être gagnera-t-il la terrasse du jardin de notre propriétaire : de là il lui serait facile de franchir ceux des maisons voisines, et de trouver une issue dans le grand bâtiment attenant à l'église de Ste-Valère.

— Bah !... le pauvre diable court grand risque : les soldats qui l'ont vu entrer ici s'arrêtent à notre porte.

— Les voilà qui pénètrent dans la maison, ajoute Gérard.

— Cet événement arrive là, tout exprès, pour troubler notre déjeuner.... Mais remettons-nous à table.

— Non, dit madame Bontemps... Je veux auparavant regarder par la fenêtre de l'escalier ce qui se passe dans notre cour.

— Ah! je reconnais bien là Manette.... Elle est si curieuse! »

CHAPITRE II.

Madame Bontemps s'était levée avec sa vivacité ordinaire, et la porte, ouverte avec bruit, s'était déjà refermée sur elle, lorsqu'un homme, montant rapidement l'escalier, la heurta au moment où elle allait ouvrir la croisée donnant sur la cour.

— Mon dieu ! monsieur, s'écria-t-elle en se retenant à la rampe, vous avez manqué de me jeter à la renverse.

— Ah ! madame, veuillez m'excuser.... mais je suis perdu si je tombe entre les mains des gens qui me poursuivent.

— Qui êtes-vous ?

— Un malheureux émigré.

— Un émigré !... Entrez, entrez vite chez moi.

— Dieu ! que vois-je ? Deux militaires ! je n'ose....

— Ne craignez rien ; l'un est mon mari et l'autre mon frère... Ce sont des braves qui ne vous trahiront pas. »

Elle le pousse vivement dans la chambre, dont elle repousse la porte aussitôt.

« Nous avions bien raison, dit-elle, de dire que ce n'était pas un voleur.... Ce monsieur est un pauvre émigré.

— Messieurs.... citoyens.... protégez un homme que le malheur poursuit.

— Soyez tranquille, monsieur, dit Gérard en saluant poliment l'étranger, et en s'avançant vers lui.

— Voilà, par exemple, une chose bien extraordinaire! dit Bontemps en se levant..... ou mes yeux me trompent étrangement, ou voilà mon ancien capitaine au régiment de Rouergue!

— J'ai effectivement servi dans ce corps.

—Hé quoi ! monsieur le marquis; vous ne me remettez pas !... Auriez-vous oublié Bontemps, que vous honoriez de votre protection ?

— Bontemps !... Ah ! cher Bontemps, si je te reconnais !... Oui, c'est toi... c'est vous, monsieur, vous pour qui j'avais tant d'amitié.

— J'en suis toujours digne, mon capitaine, et je veux vous le prouver.... Comptez sur mon dévouement et sur celui de toute ma famille.... »

Au même instant la porte de la chambre s'ébranla sous des coups redoublés.

— « Je suis perdu !

—Ne craignez rien, vous dis-je.... nous sommes là. »

On frappe de nouveau avec plus de violence.

— « Louise, dit madame Bontemps, conduis monsieur dans ta chambre, et renferme-le dans l'armoire où nous mettons nos robes. »

— Hé bien! hé bien! crie Manette en ouvrant brusquement la porte aux soldats qui murmurent de l'antichambre qu'on leur a fait faire; quel bruit! quel tintamarre dans cette maison! Que nous demandez-vous, et pourquoi venir ainsi troubler notre repos?

— Nous cherchons un homme qui s'est échappé de nos mains.

— Pardi, je le sais bien; mais, au lieu de perdre votre temps à visiter ce corps de logis, vous devriez diriger vos recherches vers la promenade des Invalides: c'est par là qu'il s'est sauvé.

— Qu'en savez-vous?

— Je viens de le voir de la fenêtre de l'escalier.... N'est-ce pas un grand bel homme, qui porte de la poudre et une redingote verte?

— C'est cela même.

— Hé bien! il a traversé la cour, et s'est enfui par la petite porte qui donne sur le quinconce: mais il doit être déjà loin.... Hâtez-vous de courir, si vous voulez l'atteindre.»

Les soldats s'empressent de suivre le conseil de madame Bontemps, qui, dès qu'elle a refermé la porte, court vers l'émigré qu'elle fait sortir de l'armoire où il s'était réfugié.

— «Gérard, dit Bontemps, tu m'as quelquefois entendu parler du capitaine Herfort, ci-devant marquis d'Hérouville?

— Oui.... serait-ce lui que nous venons de recueillir?

— Lui-même.... mais le voici.

— Braves gens, s'écrie Herfort les larmes aux yeux, que ne vous dois-je pas !

— Nous avons fait notre devoir, et pour mon compte, je m'estime heureux de pouvoir être utile à mon ancien capitaine.

— Bontemps !... permettez-moi de vous embrasser.

— De tout mon cœur !.... Mais comme vous voilà ému !.... Vous pleurez.

— C'est de joie de trouver ici des âmes compatissantes.

— Ça se rencontre toujours chez les braves.... Tenez, voilà Gérard, mon beau-frère.... c'est un officier de la garde, qui arrive de Marengo; il est plein d'honneur, et vous pouvez en toute sûreté lui accorder votre confiance.... Soyez tranquille, celui-là ne vous trahira pas.

— Il suffit de vous voir tous pour être convaincu de votre bonne foi.

— Avant tout, mon capitaine, asseyez-vous là auprès de nous.... Vous êtes en nage... Buvez un verre de vin.... et que nous ayons l'honneur de trinquer avec vous.

— Volontiers, mes amis.. Je vous avouerai que je tombe de fatigue.

— Allons, Manette, donne un verre pour monsieur, et verse-nous à boire. »

Une offre faite de si bonne grâce, jointe à l'accueil favorable qu'il avait reçu, remirent bientôt M. Herfort de son agitation. Il serrait affectueusement la main de Bontemps, et le remerciait du regard le plus expressif.

— « Mon capitaine, lui dit l'invalide, vous ne doutez pas, j'espère, du bonheur que j'éprouve à vous revoir. Je bénis le ciel qui vous a conduit ici ; et Dieu sait que je préférerais mourir à ce qu'il vous arrivât malheur. Cependant ma joie n'est pas complète.... Une idée me tourmente.... Tenez, je voudrais vous parler franchement, mais je n'ose... Je crains de vous faire de la peine.

— Expliquez-vous, Bontemps.

— Non, non.... c'est une mauvaise pensée... je n'ai rien à dire... Pardon, excuse, mon capitaine.... Ah! croyez que, malgré mon opinion, je vous suis dévoué à la vie et à la mort.

— Ouvrez-moi votre cœur, mon ami.... Je suis disposé à vous entendre.... Parlez.... quelle est votre pensée ?

— Hé bien ! je me disais : comment se fait-il que moi, qui n'ai pas cessé d'être républicain, et qui ai versé mon sang pour ma patrie, je ressente tant de plaisir à vous revoir, vous qui avez émigré, vous qui avez porté les armes contre la France ?

— Moi ! combattre contre mon pays ! quelle est votre erreur, Bontemps ! Non, non, je n'ai point ce reproche à me faire; et loin de partager les idées qui ont entraîné tant de nobles à leur perte, j'ai toujours considéré comme un crime de faire cause commune avec nos ennemis... Écoutez le récit de mes malheurs; il vous convaincra, mes amis, que je ne mérite pas les persécutions dont je suis l'objet, et que je n'ai cessé d'avoir le cœur français.... Lorsque la révolution éclata, j'embrassai avec chaleur les principes qu'elle consacrait; et, loin de suivre l'exemple des officiers de mon régiment, qui allèrent presque tous rejoindre l'armée que les princes rassemblaient à Coblentz, je restai à mon corps, dont bientôt je devins colonel, et à la tête duquel je fis la première campagne sous les ordres du général Lafayette. Quoique je fusse dévoué à mon pays, je n'en gémissais pas moins sur l'oppression dont l'infortuné Louis XVI était l'objet; mais je persistais à ne pas abandonner mon drapeau. Je pensais que les défenseurs d'un aussi bon roi, que les vrais amis de la monarchie, ne devaient pas aller grossir le nombre des ennemis de la France. Étrange doctrine, en effet, que de prétendre que, quand un chef d'empire est en péril, celui qui le quitte le premier et qui se sauve le plus loin, atteint le plus haut degré de pureté et de fidélité que puisse ambitionner un sujet loyal! Je n'ai jamais pu comprendre le vertige de l'émigration : cependant il sortait de toutes les parties du royaume une foule de militaires et de nobles. Beaucoup de familles, frappées de terreur ou entraînées par la fatale mode du jour, suivirent ce torrent, et laissèrent le roi au milieu de ses plus cruels ennemis.

Les événemens marchèrent dès lors comme il était naturel de le prévoir, et les dernières tentatives de Lafayette pour sauver la royauté ayant échoué devant les intrigues de la cour, nous dûmes nous attendre à tous les malheurs qui ont déchiré la France.

Je fus destitué, comme noble, de mon commandement, et je me retirai dans un château que je possédais dans les environs de Nantes, sur les bords de la Loire. Les atrocités de Carrier menaçant de m'atteindre, je me réfugiai en Angleterre pour y attendre des jours meilleurs, et laissant en France une sœur avec qui je renouai une correspondance. Elle se chargea, plus tard, de soliiciter ma radiation de la liste des émigrés. N'ayant jamais porté les armes contre mon pays, j'avais lieu d'espérer que je parviendrais sans peine à obtenir cette faveur, et c'est d'après l'avis de madame d'Eaubonne, que je me décidai à rentrer en France. Je débarquai à Calais, et pris la diligence pour me rendre dans la capitale. Je fus placé dans le coupé, et j'eus, pour compagnons de voyage, deux hommes dont les manières me parurent suspectes. Ils revenaient d'Angleterre, et parlaient entr'eux d'un air mystérieux. Pendant la route, je n'échangeai avec eux que quelques paroles insignifiantes. Nous fîmes le voyage sans accident : mais ce matin, à notre arrivée dans la cour des messageries, comme nous descendions de voiture, nous avons été entourés par plusieurs agens de police qui, secondés par dix gendarmes et un officier, nous ont arrêtés et conduits à la préfecture. Là, nous avons été interrogés les uns après les autres, et d'après les questions qui m'ont été faites, j'ai pu juger de suite que je me trouvais compromis par la société des gens avec lesquels je venais de voyager. Mon interrogatoire fini, je me suis trouvé seul avec le gendarme chargé de me surveiller : mais jugez quelle dut être ma surprise, et voyez comme le hasard amène d'étranges choses ! Cet homme avait autrefois servi dans mon régiment ! « Quoi, c'est vous, colonel Herfort ! » s'écria-t-il avec douleur, dès qu'il » m'eut reconnu, vous, si brave, si » loyal !... Est-il possible ? Je n'en » reviens pas : je n'aurais jamais cru » vous retrouver avec des conspira- » teurs, des brigands envoyés par » l'Angleterre pour assassiner le » premier consul ! — Qui, moi ? je

» suis incapable d'un tel forfait, et
» ceux dont on me croit le complice
» me sont entièrement inconnus.—
» Dites-vous vrai, colonel? — J'en
» atteste le ciel! — Mais, ajoute le
» gendarme, vous avez émigré. —
» Oui, mais en venant à Paris, je
» n'avais d'autre but que de sollici-
» ter ma radiation. — Diable! con-
» tinue-t-il, on est bien prévenu
» contre ces pauvres émigrés! et
» vous jouez de malheur de vous
» être trouvé avec de tels gens....
» Dame! voyez-vous, c'est qu'un
» conseil de guerre est expéditif:
» on a bientôt mis des balles dans
» la tête d'un homme, et il n'y a pas
» loin d'ici à la plaine de Grenelle...
» Que je voudrais vous voir libre!...
» Au moins, vous trouveriez le temps
» et les moyens de prouver que vous

» n'avez rien de commun avec ces » droles-là... N'importe ! vous pouvez compter que je chercherai à » faciliter votre évasion. — Brave » homme ! me suis-je écrié en l'embrassant ! — Silence, m'a-t-il dit » en me repoussant : on vient vous » chercher.... Allons, en marche.» Notre escorte ayant ordre de nous conduire à l'Abbaye, on nous a fait monter chacun dans une voiture entre deux gendarmes. L'ancien soldat de mon régiment, placé à ma gauche, cherchait à me rassurer du regard; mais je perdais déjà tout espoir de m'échapper, quand nous sommes arrivés à l'entrée de la prison. On fait d'abord descendre de voiture les deux conspirateurs qui me précédaient, et quand mon tour arrive, le soldat, qui veut me protéger, a recours à une ruse dont je profite en toute hâte. Il feint de s'être embarrassé la jambe dans le marchepied, tombe lourdement entre l'autre gendarme et moi, et jette des cris aigus. Son camarade, le croyant blessé, me lâche pour l'aider à se relever. Je saisis l'occasion et je m'échappe. Bientôt je suis poursuivi par les soldats du poste. Je parviens néanmoins à gagner les rues Taranne et Saint-Dominique : après les avoir parcourues dans toute leur longueur, avec la rapidité de l'éclair, j'arrive jusqu'ici haletant, harassé de fatigue, et je me réfugie dans cette maison, où j'ai le bonheur de rencontrer ce cher Bontemps, qui ne m'avait pas oublié, et une famille qui m'accueille avec l'hospitalité la plus touchante.

Le colonel Herfort avait à peine achevé, que plusieurs voix confuses se font entendre dans l'escalier, et bientôt on frappe à la porte à coups redoublés.

— « C'est encore moi qu'on cherche ! dit Herfort hors de lui.

— N'ayez nulle inquiétude, répond Gérard en se levant et mettant la main sur la garde de son sabre. Passez dans la chambre voisine.... malheur à qui tenterait d'y pénétrer !

—Venez, monsieur, ajoute Louise en tremblant ; je vais vous ouvrir l'armoire. »

Herfort la suit, tandis que monsieur et madame Bontemps, attérés par cette nouvelle alerte, restent immobiles à leurs places, muets d'épouvante.

CHAPITRE III.

On continuait à frapper à la porte de Bontemps, sans que personne ne bougeât dans l'intérieur de la chambre, quand une voix d'homme cria du dehors :

— « Ouvrez donc, morbleu! .... c'est de la part du premier consul! »

Une autre voix ajouta :

« Je vous réponds qu'il y a du monde; avant d'entrer dans la maison, j'ai aperçu une femme à travers les carreaux de la fenêtre.

— Tu as raison, reprit celui qui avait parlé le premier; je vois, par le trou de la serrure, Bontemps, sa femme et un militaire.... C'est singulier, ils restent tous immobiles.... qu'est-ce que cela veut dire?..... Bontemps! Bontemps! ouvre donc; est-ce que tu ne reconnais pas la voix de ton ami Perrot?

—Et celle de Laroche?... Faut-il enfoncer ta porte pour t'apprendre une bonne nouvelle? »

Bontemps, entièrement rassuré, s'empresse d'ouvrir à deux invalides qui se présentent accompagnés d'un valet de pied à la livrée du premier consul.

— « Une table bien garnie ! s'écrie Perrot en riant aux éclats : dis donc, vieux, est-ce la peur d'un assaut qui te fait tenir ta porte si bien fermée ? Est-ce que, par hasard, tu craignais une charge sur les comestibles ?

— Non, mon ami, non, ce n'est pas cela... C'est que, vois-tu... nous étions en affaire.... et tu sens bien que.....

— Tenez, père Perrot, reprend vivement madame Bontemps, il faut vous dire la vérité.... Nous avons pour voisin un bavard impitoyable : quand il s'avise de venir ici, il y en a pour des heures à écouter. Comme nous recevons Gérard, mon frère, que nous n'avions pas vu depuis un an, et que nous avons bien des choses à nous dire, v'là pourquoi nous ne voulions pas ouvrir.... nous pensions que c'était le voisin....

— Je crois, ma chère dame, que la présente visite vous sera plus agréable, ainsi qu'à l'ami Bontemps; ma grande raison, c'est le particulier que voilà, qui est chargé de lui remettre, de la part du premier consul, un certain sac bien garni, à ce qu'il me paraît.

— Oui, monsieur Bontemps, dit l'homme à la livrée, en posant l'argent sur un coin de la table, j'ai ordre de vous remettre cette somme de mille francs, dont je vous prie de me donner quittance.

— Par exemple, voilà une chose

à laquelle je ne mattendais guères.... Par quel heureux hasard?...

— N'en soyez pas surpris, brave homme ; ce n'est pas la première fois que le premier consul se montré généreux envers ses vieux soldats. Il vous a reconnu ce matin, dans la cour des Tuileries, et se rappelant aussitôt votre belle conduite au passage du pont de Lodi, il vous a promis de ne pas vous oublier. Vous voyez qu'il tient sa promesse. Ne sachant pas votre demeure, je me suis adressé à monsieur Perrot, que je connais depuis long-temps. Il s'est offert, ainsi que son camarade de chambrée, à me conduire auprès de vous. Ils se disent vos amis intimes, et viennent vous féliciter.

— Je dis que c'est là un trait généreux ! s'écrie Bontemps hors de lui... vive Bonaparte ! vive mon bienfaiteur !

— Oui, reprend Perrot, vive le premier consul !

— Voilà ce qui s'appelle un homme, ajoute Laroche.

— Je t'en réponds, camarade, il n'a jamais eu son pareil celui-là... Mille tonnerres ! que n'ai-je perdu sous ses yeux le bras qui me manque, il ferait aussi quelque chose pour le pauvre Perrot ; mais je l'ai laissé au siége de Bois-le-Duc, où commandait Pichegru, qui depuis s'est avisé de trahir la nation.

— Et moi donc, reprend Laroche, n'ai-je pas eu autant de guignon que toi ? Après avoir reçu trois coups de feu au passage du Rhin, me voilà borgne et boîteux, sans espérance de rien obtenir de plus ; car c'est sous Moreau que j'ai reçu mon *décompte*, et l'on dit que ce général n'est pas en faveur aujourd'hui... mais c'est égal... Bonaparte est tout de même le père du soldat, et j'espère bien que l'ami Bontemps va nous faire boire un coup à la santé de ce grand homme.

— Très-volontiers, répond Bontemps en remplissant plusieurs verres... Et monsieur, ajoute-t-il en s'adressant au valet de pied, voudra bien trinquer avec nous.

— Je vous rends grâce, je ne bois jamais de vin.

— Tiens, dit Laroche, il ne me ressemble guère celui-là.

— D'ailleurs je suis pressé de retourner au château, où mon service me rappelle... Veuillez, je vous prie, faire la quittance que je vous ai demandée.

— Je vais vous satisfaire. »

Bontemps se met à écrire, tandis que ses camarades, se prêtant tour à tour et s'arrachant la parole, complimentent Manette sur le retour de son frère. Et comme celle-ci s'empresse de les informer de la double récompense qu'il vient d'obtenir, ils accablent ce brave de félicitations qu'il reçoit avec modestie. Ils demandent à voir le sabre qui lui a été décerné : on le leur montre, et, au milieu de leurs exclamations de surprise, la quittance terminée est remise au valet de pied qui se retire après avoir salué la compagnie.

— « Voilà une belle arme ! s'écrie Perrot.

— Quel honneur d'obtenir une telle distinction ! ajoute son camarade.

—J'avoue, dit Gérard en reprenant son sabre, que ce don est inappréciable à mes yeux ; je le préfère à la plus brillante fortune.

— Allons, allons, *le petit caporal* entend les affaires. De notre temps, mordieu ! on nous faisait enlever des redoutes à la bayonnette aux cris de *vive la république !* mais à présent, nos braves sont excités par des moyens qui, je dis, valent bien ceux qu'on employait alors.

— Tu dis vrai, Laroche ; je suis de ton avis... oui, sans doute, Bonaparte, en honorant ses soldats, leur fera faire tout ce qu'il voudra.

— Il est capable de les conduire

au bout du monde!... le Français aime la gloire.

— C'est vrai, mais pour les braves, le plaisir marche avec la gloire, et puisque nous trouvons ici des amis et une bonne table, restons-y...

— Bontemps, tu nous permettras bien de nous féliciter avec toi de ton bonheur. Tu viens de recevoir une grosse somme, ce qui te met joliment à même de régaler tes vieux amis, je pense. Et puis ça nous procurera l'avantage de faire connaissance avec ton beau-frère.

— Non pas, mes amis, non pas, reprend Manette en témoignant de l'humeur, vous ne pouvez rester ici plus long-temps... ce n'est pas que je vous renvoie... vous savez bien qu'ordinairement nous vous recevons avec plaisir... mais excusez...

aujourd'hui, voyez-vous, c'est différent... nous avons des affaires de famille à régler. Que sait-on? mon frère peut recevoir l'ordre de partir cette nuit même... et il veut prendre avec nous des arrangemens au sujet de Louise, qu'il n'a pas vue depuis un an... et si, comme je le disais tout à l'heure, nous avons voulu éviter la visite de notre voisin, nous avons les mêmes raisons pour désirer que vous abrégiez la vôtre... pour le quart d'heure seulement.... Oh! demain, après demain, ou plutôt dimanche matin, si vous voulez revenir, nous vous recevrons de notre mieux.

— Oui, camarades, foi de Bontemps, je vous traîterai en amis, et pour vous le prouver, ne remettons pas la partie à dimanche, le terme serait trop long; à demain seulement : je vous réponds que vous trouverez ici un déjeuné soigné.

— Allons, dit Perrot, va pour demain... les affaires avant tout.

— Madame Bontemps, continue Laroche, avant de nous retirer, vous nous permettrez, sauf votre respect, de boire un coup à la santé de l'honorable société.

— Certainement, père Laroche, et nous allons trinquer ensemble. »

Chacun prend un verre; Perrot dit à l'oreille de Bontemps :

— « Es-tu assez bon enfant, mon vieux, pour me prêter une pièce de vingt sous?

— Parbleu! tu me demandes là peu de chose... Tiens, voilà cinq francs... je te les prête à ne jamais rendre.

— Grand merci, camarade.... cela étant, nous allons boire à ta santé : vive la joie! »

Il entraîne son camarade vers la porte; mais celui-ci revient sur ses pas.

— « A propos, dit-il, je n'ai pas aperçu la petite Louise.... j'aurais voulu l'embrasser cependant... Où donc est-elle? je veux la voir.

— Elle est occcupée sans doute, dit Manette; elle doit être dans sa chambre... mais je vais la faire venir... Louise! Louise!

— Me voilà, ma tante, répond-elle en accourant.

— Diantre! s'écrie Laroche, qu'elle est donc gentille! »

Puis approchant ses grosses lèvres de la jeune fille :

— « Hé bien ! hé bien ! ajoute-t-il, qu'est-ce que c'est que cela ? comme la petite me repousse !

— Laissez-moi donc, père Laroche ; retirez-vous... vous sentez la pipe.

— Est-ce que tu deviendrais petite maîtresse ? Songe que ça ne convient guère à la fille d'un militaire. »

Il la retient et parvient à lui appliquer deux gros baisers sur les joues.

— « A mon tour maintenant, dit Perrot ; je veux aussi embrasser l'aimable enfant. »

Louise, pour se débarrasser de ce dernier, n'oppose plus de résistance ; mais dès qu'elle se trouve dégagée de ses bras, elle s'essuie le visage en témoignant une sorte de dégoût.

— « Pour le coup, poursuit Perrot, d'un air victorieux, nous nous retirons... — Enchantés d'avoir fait votre connaissance, monsieur Gérard.

— Bien sensible, messieurs, à votre honnêteté; je vous en offre autant.

— Tâchez donc d'être des nôtres demain matin.

— Oui, venez... plus on est de fous, plus on rit.

— Je n'en réponds pas; mais je ferai tout mon possible pour cela.

— Nous y comptons... Au revoir. »

CHAPITRE IV.

Quand les deux invalides furent partis, Herfort vint reprendre sa place au milieu de ceux dont la conduite généreuse lui inspirait tant de confiance.

« Braves gens, leur dit-il, pourrai-je jamais m'acquitter envers vous?

— Parbleu! monsieur Herfort, reprend Bontemps, du moment où vous m'avez reconnu, vous deviez bien penser que ce n'était pas ici une caverne. Nous vous sommes dévoués, afin que vous le sachiez, et soyez certain que chacun de nous s'estimerait heureux de pouvoir vous être utile. Il n'est pas jusqu'à ma petite nièce que je ne puisse vous garantir comme toute prête à vous servir, si elle en est capable.

— Oh! sans doute, mon oncle... Monsieur a éprouvé tant de malheurs! Rien que d'y penser, je me sens émue... mais émue!....

— Aimable enfant, dit Herfort en prenant la main de Louise... vos paroles me touchent, me pénètrent.... Oh! mes amis, ajoute-t-il en s'adressant aux parens de Louise, si je pouvais un jour!... qu'il me serait doux de vous rendre tous heureux et d'assurer le sort de cette charmante fille!... Mais que dis-je? à quoi vais-je penser? Ne suis-je pas dépouillé de tout? Quelles sont mes ressources? aucune; et mon crédit? perdu! perdu... ah!... sans compter ce que me réserve encore mon mauvais destin.

— Grand merci de vos bonnes intentions, dit Bontemps; mais Dieu sait si c'est l'intérêt qui nous guide; et pour vous le prouver, monsieur Herfort, tenez, prenez ce sac de mille francs; il peut vous servir dans la situation critique où vous vous trouvez.

— Oui, oui, ajoute Manette, acceptez ceci : grâce à mon travail et à notre bonne conduite, nous ne sommes pas dans le besoin.

— C'est trop de bonté, mes amis, et ce dernier trait ajoute encore à l'estime que vous m'inspirez; mais je n'userai pas de l'offre que vous me faites avec tant d'obligeance. Il me reste une somme (dernier débris d'une immense fortune) qui du moins assure mon existence, et m'affranchit de la triste nécessité de demander ou d'accepter. L'essentiel, pour le moment, est de chercher à détruire au plus vite les préventions défavorables qu'a fait naître contre moi la société de mes deux compagnons de voyage.

— Vous y parviendrez sans peine, reprend Gérard, surtout si vous pouvez avoir accès auprès du premier consul... Cependant vous avez agi avec prudence en évitant la prison. Les agens de l'autorité sont si empressés à montrer leur zèle, qu'un émigré court grand risque quand il se trouve impliqué dans une affaire de ce genre. Hâtez-vous de réclamer auprès du premier consul contre les mesures prises par la police pour vous priver de votre liberté, et faites-lui connaître le but de votre voyage à Paris. Je me charge de lui faire parvenir votre pétition aujourd'hui même.

— Que d'obligations je vous aurai, monsieur l'officier!... Mais en attendant l'issue de cette démarche, où me réfugierai-je?

— Pourquoi ne resteriez-vous pas ici? répond vivement Manette.

Soyez tranquille ; nous vous dresserons un lit tous les soirs, et nous ne vous laisserons manquer de rien.

— Que de bontés !... mais non, je vous gênerais.

— Allons donc, monsieur, dit Bontemps ; ce serait pour nous une faveur dont nous serions fort honorés... Mais où comptiez-vous descendre à votre arrivée à Paris ?

— Chez madame d'Eaubonne, ma sœur : elle demeure rue Hillerin-Bertin, n° 4, où elle vit fort retirée. Je ne sais où est située cette rue.

— A deux pas d'ici.

— Ah ! si je pouvais voir ma sœur aujourd'hui même !

— Vous ne seriez pas convenablement ici. Outre cela, il paraît que les camarades de Bontemps lui font de fréquentes visites ; et d'ailleurs, les pratiques de Manette ne peuvent-elles pas venir d'un instant à l'autre? Je suis d'avis que vous vous rendiez dès ce soir chez madame d'Eaubonne; si vous y consentez, j'aurai l'honneur de vous y conduire.

— Cette proposition m'est d'autant plus agréable, que je brûle de revoir cette sœur chérie.

— Ainsi donc, voilà une chose arrêtée: vous allez vous occuper de rédiger votre pétition, que je veux porter moi-même au palais des Tuileries, et ce soir, à la nuit tombante, je reviendrai vous prendre... Ma sœur, as-tu du papier à mémoire?

— Nous n'en avons que du commun, dont ma nièce se sert pour prendre ses leçons d'écriture; mais il y a un papetier près d'ici.. Tiens,

Louise, va vite chercher un cahier de grand papier à ministre.

— Faudra-t-il le prendre doré sur tranche?

— Certainement, puisque c'est pour faire une pétition au premier consul... Allons, trotte, et surtout ne sois pas long-temps. »

Dès que Louise fut partie, elle devint l'objet de la conversation générale.

— « Vous devez, monsieur, vous estimer heureux, dit Herfort à Gérard, d'être le père de cette jeune personne. Son air de candeur inspire le plus tendre intérêt; elle a des traits ravissans, et une démarche des plus grâcieuses.

— Oui, je suis forcé de convenir que ma fille est fort bien... je ne pouvais me flatter de la trouver embellie à ce point ; à peine a-t-elle quinze ans.

— Et puis, reprend Bontemps, ça sait lire, écrire, compter, ni plus ni moins qu'un notaire.

— Oui, mon frère, c'est comme te le dit mon homme, et je te réponds que tu seras enchanté de la trouver savante. Vois-tu, elle a, depuis près d'un an, un maître d'écriture.

— Oui.... M. Robert, ex-professeur expert, homme fort habile dans son art... Quoique, depuis plusieurs mois, ce brave homme soit entré comme commis au ministère de la police, il n'en continue pas moins à donner ses leçons à Louise.

— Il est vrai que je le blanchis pour cela ; mais je veux que ma nièce le conserve jusqu'à ce qu'elle sache parfaitement l'orthographe et le carcul des numéros.

— Ma femme veut dire l'arithmétique.

— Oui, oui, la rismétique.

— Ma bonne sœur, je n'oublierai jamais ta sollicitude pour Louise. »

Sur ces entrefaites, la jeune fille rentra avec un cahier de papier vélin, qu'elle déposa sur une petite table placée auprès d'une fenêtre. Elle prépara tout ce qui était nécessaire pour écrire, et Herfort se disposa à faire sa pétition. Il avait déjà tracé quelques lignes, quand Bontemps s'avisa de lui donner un avis qui l'empêcha de continuer.

— « Parbleu ! monsieur Herfort, lui dit-il, si j'étais à votre place, moi, je ne ferais ni une ni deux :

je profiterais de l'occasion pour demander tout bonnement au premier consul à rentrer au service, avec mon ancien grade.

— Y pensez-vous, Bontemps? moi, oser faire une telle demande!

— Hé! pourquoi pas, colonel? vous n'êtes pas de ces émigrés auxquels on pourrait reprocher d'avoir porté les armes contre la France.

— Oui, dit Gérard, selon moi, le conseil de Bontemps n'est pas à dédaigner. Certes, malgré mon enthousiasme pour la liberté, j'ai gémi comme vous sur le sort des Bourbons; mais quel espoir leur reste-t-il désormais? Sacrifiés à l'insatiable ambition des cabinets étrangers qui les ont trompés, ils ont vécu dans l'exil, et nos générations nouvelles ne se souviennent plus de leurs noms. Croyez-moi, monsieur, renoncez à des regrets superflus, et suivez le torrent.... Voyez ces républicains si fiers qui juraient de mourir plutôt que de reconnaître un maître... Aujourd'hui ils sont presque tous aux pieds de l'homme du siècle; ils remettront peut-être avant peu le pouvoir suprême entre ses mains.

— Quoi! vous pensez que la forme du gouvernement pourrait changer encore?

— Hélas! monsieur, je le prévois. »

Après une profession de foi de Gérard, et une peinture triste, mais vraie, du dépérissement de l'esprit républicain, Herfort acheva sa pétition et la fit lire à Gérard, qui en trouva le style convenable.

L'officier de la garde se disposait à se rendre, à l'instant même, au château des Tuileries; il se chargea de la remettre en bonnes mains, avant le départ du consul pour la Malmaison.

CHAPITRE V.

Pendant l'absence de Gérard, la conversation roula d'abord sur les heureuses qualités dont il était doué. Chacun fit son éloge, et c'était à qui ne tarirait pas sur ce sujet.

Herfort ne cessait de faire des questions sur tout ce qui le concernait. Il entra à cet égard dans des détails auxquels Manette répondit avec sa franchise ordinaire. Ce qui étonna le plus Herfort, fut d'apprendre que Gérard n'avait fait aucune espèce d'études, et que son éducation s'était bornée à apprendre à lire et à écrire dans une école gratuite. En effet, il était né dans l'indigence; son père, qu'il avait perdu en 1786, était un pauvre savetier qui travaillait en échoppe, rue Montmartre, près de l'hôtel d'Uzès; et sa mère, morte en 1788, exerçait le métier de blanchisseuse. Lui-même avait commencé par être commissionnaire; mais dès l'âge de quinze ans, il était entré, comme garçon, chez un épicier de la rue des Filles-Saint-Thomas. Ayant gagné l'estime de ce marchand, il avait épousé sa fille, et, à la mort de son beau-père, il lui avait succédé dans son établissement. Manette n'omit rien de ce qui, selon son opinion, était propre à relever le mérite de son frère aux yeux d'Herfort. Plus elle lui parlait de l'obscure condition dans laquelle il était né, et de la misère qu'il avait endurée dans son jeune âge, plus elle croyait le faire valoir.

Bientôt Herfort fit tourner la conversation sur Louise, dont la figure et les manières le jetaient dans une sorte de ravissement. Malgré les inquiétudes vagues dont il était préoccupé, il ne pouvait se lasser d'admirer ses traits. Il lui adressa quelques paroles flatteuses qui, quoique fort mesurées, la firent rougir et lui causèrent une vive émotion. Le retour de son père fit tout-à-coup cesser son embarras. Il entra précipitamment, tout haletant, tout joyeux, et une lettre à la main.

— « Monsieur, dit-il à Herfort, j'étais sûr de mon fait, je savais que vous auriez une réponse ; mais cependant je ne me flattais pas qu'elle dût être si prompte... Tenez, lisez. »

Et il lui remit la lettre qu'il tenait.

— « Vous m'étonnez, monsieur Gérard, répondit l'émigré hors de lui. »

Puis, examinant la suscription de la lettre et les armes qui y étaient apposées :

— « Je n'en reviens pas! ajouta-t-il. »

Il rompit le cachet, et sa surprise redoubla en voyant imprimés au haut de la page les mots suivans :

« *Cabinet particulier du premier* « *consul.* »

Herfort, vivement ému, continua la lecture du billet :

« *Le premier consul recevra le* « *colonel Herfort, demain à huit* « *heures du matin, en audience par-* « *ticulière.*

« *Palais des Tuileries, le* 15 « *juillet* 1800. »

— « Je ne sais que penser... et mon étonnement....

— Mille bombes! s'écria Bontemps, ce que vous devez penser!... mais il me semble que votre affaire est en bon train... Ah! donnez donc, donnez, je vous en prie, que je lise aussi, moi ! »

Herfort remit la lettre au brave invalide qui, après l'avoir parcourue, se laissa aller à tout l'épanchement de sa joie et de sa surprise.

— « Ça y est ! ça y est ! il y a bien là : « *Le premier consul recevra le* « *colonel Herfort*.... » Le colonel Herfort !... plus de doute !... vous voilà réintégré dans votre grade !... Vive mille fois Bonaparte !

— C'est-il gentil de sa part ! ajouta Manette tout émerveillée, et levant la tête d'un air de triomphe. C'est tout de même un bien digne homme que ce cher premier consul ! Ça ferait un fier monarque, s'il voulait se mettre sur le trône ! Celui-là ferait la queue à tous les autres.

— Allons, femme, tais-toi avec ton trône... Il se moque bien du trône.

— Je ne puis concevoir, reprit Herfort, comment cette réponse m'est sitôt parvenue... Combien je me félicite d'avoir suivi votre conseil! Maintenant que mes craintes sont dissipées, je brûle de voler dans les bras de ma sœur.

— Je pense, monsieur, que vous pouvez, sans danger, vous rendre chez madame d'Eaubonne. »

Après le départ d'Herfort et de Gérard, Bontemps, Manette et sa nièce se dirigèrent vers les Champs-Élysées, pour y passer, en divertissemens, le reste du jour. Louise ne devait pas recevoir sa leçon de M. Robert, qui dînait chez une *ci-devant*.

CHAPITRE VI.

Le modeste appartement qu'occupait madame d'Eaubonne était situé au quatrième étage, et n'avait vue que sur la cour. Cette malheureuse veuve, qui jouissait autrefois d'une grande opulence, se trouvait réduite maintenant à deux mille francs de revenu. Cependant son frère, voulant améliorer sa position, lui avait envoyé plusieurs fois des secours qui l'avaient aidée à supporter sa misère avec résignation. Comme elle avait entrepris les démarches nécessaires pour le faire rayer de la liste des émigrés, il lui avait en outre fait passer une douzaine de mille francs, dans l'espoir que cette somme l'aiderait à applanir les difficultés qu'elle pourrait rencontrer.

Quatre heures venaient de sonner : la table était dressée; madame d'Eaubonne attendait un convive. Ce bon M. Robert n'arrivait pas. Il devait apporter des nouvelles de la radiation du frère bien aimé; il avait reçu, pour être employée dans ce but, une somme ronde de six mille francs.

Enfin on sonna. Quelle fut la joie de madame d'Eaubonne, en entendant la voix d'Herfort!... Elle vola dans les bras de son frère, sans remarquer l'officier qui l'accompagnait. De son côté, la vieille Marguerite, seule compagne de madame d'Eaubonne, resta stupéfaite : la joie l'empêchait d'articuler un seul mot.

— « Mon frère! s'écria madame d'Eaubonne, est-ce bien toi que je serre sur mon cœur?

— Oui, ma chère sœur; il y a là de quoi me raccommoder avec le sort.... Tant d'infortunes, tant de persécutions! et après tout cela, le bonheur de te voir... de t'embrasser... Cela efface bien des choses.»

Sur ces entrefaites, Robert, arrivant, pousse la porte laissée entre-ouverte, et demeure interdit.

— « Et moi aussi, mon frère, continue madame d'Eaubonne, j'oublie à présent tout ce que j'ai souffert... Embrasse-moi! ce bon frère! ce pauvre Herfort!

— Herfort! s'écrie Robert étonné.... Diable! entrons.

— Ah! c'est vous, monsieur Robert; soyez témoin du plus heureux moment de ma vie.... Voilà mon frère; il m'est enfin rendu.

— Que votre joie soit complète, madame! je venais vous annoncer que monsieur est rayé de la liste des émigrés : le travail qui le concerne est à la signature du ministre.»

Cette nouvelle excita des transports d'allégresse. Herfort remercia, avec effusion de cœur, M. Robert.

Il s'empressa de raconter à sa sœur les événemens de la matinée.

Après les plus vifs remercîmens de la part de M. Herfort et de madame d'Eaubonne, la conversation s'était engagée entre Gérard et M. Robert, qui s'était fait connaître à l'officier comme étant le maître d'écriture de sa fille Louise. De leur côté, le frère et la sœur avaient reporté leurs souvenirs sur leur ancienne fortune.... Et notre neveu Alfred, est-il toujours dans la même pension? dit en terminant M. Herfort.

— Toujours.... L'air est si pur à Passy! Cette pension est si bien située ! Des maîtres excellens ! Je te conseille d'y laisser Alfred jusqu'à l'époque où il pourra entrer dans un lycée.

— C'est mon intention : notre neveu de Bressoles n'a que huit ans; il peut rester encore où il est pendant deux ou trois ans... Comment se porte ce cher enfant ?

— A merveille. Que ne te devra-t-il pas ? Élevé chez sa nourrice, au fond de la Bretagne, ce pauvre orphelin y serait resté long-temps encore sans toi. »

Marguerite interrompit cet entretien pour avertir sa maîtresse que le potage était servi, et qu'elle venait de mettre deux couverts de plus. Quoique le colonel et Gérard sortissent de déjeuner, ils cédèrent aux instances de madame d'Eaubonne, qui les fit asseoir à ses côtés.

Vers les huit heures, Gérard prit congé de la société ; mais, avant de le laisser partir, madame d'Eaubonne lui témoigna le désir de le revoir bientôt.

A peine fut-il parti, que madame d'Eaubonne, aidée de Marguerite, disposa un cabinet, attenant à sa chambre à coucher, de manière à ce que son frère pût y coucher. Robert, qui resta auprès d'Herfort, lui fit toutes sortes d'offres de services. Sachant qu'au moment de son arrestation, ses effets étaient restés au bureau des voitures publiques, il lui proposa d'aller les chercher ; mais Herfort, craignant d'abuser de sa complaisance, voulut se charger lui-même de ce soin. Cependant, quand il sortit pour cet objet, Robert ne le quitta point : ils montèrent ensemble en voiture, et revinrent, tous les deux, chez madame d'Eaubonne, avec les effets réclamés.

Herfort ne savait comment reconnaître tant d'obligeance, et lui rapportait tout l'honneur de la radiation. C'est à vous, monsieur, s'écriait-il, que je dois de respirer l'air de la patrie, et de le respirer librement....

— Oui, sans doute, interrompait madame d'Eaubonne, c'est à vous que nous devons la fin de nos angoisses; ces choses-là ne s'oublieront jamais, monsieur Robert! »

Le reste de la soirée se passa ainsi au milieu de protestations d'amitié, de reconnaissance et de dévouement. Robert mit tout en œuvre pour augmenter encore la confiance qu'il avait su inspirer au frère et à la sœur; et quand l'heure de se retirer arriva, il les quitta avec la certitude d'avoir atteint le but qu'il s'était proposé.

Or, ce Robert était un insigne fripon. La place qu'il occupait au secrétariat général du ministère de la police ne lui donnait aucune espèce de crédit. Cependant, comme il était enregistreur, la nature de ses fonctions lui faisait passer entre les mains toutes les dépêches du ministre. Il était à même d'examiner les apostilles ou les notes mises en marge des demandes. Ayant remarqué, sur une des pétitions de madame d'Eaubonne, quelques mots écrits de la main même du ministre, pour ordonner qu'on lui fit un rapport en faveur de l'émigré Herfort, il s'était fait présenter, par madame Hypolite, sa sœur, marchande à la toilette, chez madame d'Eaubonne, qu'elle comptait parmi ses pratiques. Entré, par ce moyen, en négociation avec cette dame, il en avait fait complètement sa dupe; car non-seulement Fouché avait accueilli la pétition de madame d'Eaubonne, mais encore le premier consul avait renvoyé à ce ministre, avec une recommandation particulière, une de celles qu'Herfort lui avait adressées de Hambourg. Quant aux personnes qui auraient pu exercer quelque influence dans les bureaux, aucune n'avait été intéressée dans cette affaire. Robert seul avait conduit cette basse intrigue à son profit. Il était parvenu à tromper madame d'Eaubonne, et son adresse s'était approprié toutes les sommes qu'il en avait successivement reçues pour les distribuer à plusieurs personnes qui, disait-il, tenaient à rester inconnues.

CHAPITRE VII.

—

Le lendemain, à huit heures moins un quart, Herfort fut introduit dans l'antichambre du cabinet du premier consul, et le peu de temps qu'il y resta le mit à même de remarquer l'activité qui régnait autour du chef du gouvernement. Quoique la journée fût à peine commencée, il avait déjà expédié un grand nombre d'affaires.

Après quelques instans d'attente, à un coup de sonnette, un huissier annonça à Herfort que le premier consul l'attendait. Herfort se leva précipitamment et fut introduit. Quoiqu'en abordant le grand homme, il n'eût rien de contraint dans son maintien, sa contenance fut pleine de respect. Bonaparte, avant de lui adresser la parole, l'examina attentivement, et fut satisfait de sa bonne mine.

— « Monsieur Herfort, lui dit-il, vous voulez rentrer au service?

— Oui, général... J'ai eu l'honneur de vous faire connaître les malheurs qui m'ont arrêté dans la carrière des armes.

— Je sais tout ce qui vous concerne, excepté cependant l'état de votre fortune... Vous reste-t-il encore quelques propriétés ?

— Non, général; tous mes biens ont été vendus.

— Vous avez fait quelque commerce à Hambourg ?

— C'est vrai, général ; j'ai mieux aimé exercer ce genre d'industrie, que de me mettre à la solde de l'étranger.

— Vous avez bien fait... Mais quelles sont actuellement vos ressources pécuniaires ?

— Il me reste environ une cinquantaine de mille francs.

— C'est peu pour un homme qui

possédait une si grande fortune... Quel âge avez-vous?

— Quarante-un ans.

— Vous pouvez parcourir une belle carrière... La France peut-elle compter sur vous?

— Au milieu de mes infortunes, je n'ai cessé de faire des vœux pour elle.

—C'est bien, monsieur Herfort; je suis content... Retirez-vous. Demain, vous recevrez votre brevet.»

Herfort, charmé de l'accueil qu'il venait de recevoir, sortit du château des Tuileries plus partisan que jamais du chef du gouvernement. Il remonta gaîment en fiacre, et reprit le chemin de la rue Hillerin-Bertin.

CHAPITRE VIII.

Gérard ne manqua pas de se rendre avec Bontemps, à neuf heures précises, chez madame d'Eaubonne, qui les accueillit avec toutes sortes d'égards.

— « Que je vous sais gré, monsieur Gérard, lui dit-elle, de m'avoir amené votre beau-frère! Il me tardait de le remercier... Ah! monsieur Bontemps, je sais tout ce que vous avez fait pour mon frère! quels titres vous avez à notre reconnaissance!

— Madame, répond l'invalide, c'était bien le moins que nous dussions faire pour lui. Ça aurait été bien le diable si nous n'avions pas saisi l'occasion d'être utile à mon ancien capitaine... Il paraît que M. Herfort n'est pas encore revenu du château.

— Il ne peut tarder maintenant... J'espère, messieurs, que vous lui ferez le plaisir de déjeuner avec lui.

— Ce serait bien volontiers, madame ; mais, quant à moi, je ne pourrai avoir cet honneur : j'ai moi-même invité quelques parens et amis, dont plusieurs m'attendent déjà chez moi. L'impatience où je suis de savoir où en est l'affaire de monsieur votre frère avec le premier consul, et en même temps de vous rendre mes devoirs, m'a engagé à accompagner Gérard jusque chez vous. Je regrette beaucoup de ne pouvoir profiter de l'honneur que vous me faites. »

Herfort entra.

— « Hé bien! mon ami, quelle nouvelle?

— Excellente! s'écrie Herfort, rayonnant de joie... Succès... succès complet!... Je suis colonel! »

Madame d'Eaubonne, transportée, exprime le plaisir qu'elle

éprouve en embrassant son frère, tandis que Gérard et Bontemps le félicitent sur son succès. Chacun lui demande des détails sur son entrevue avec Bonaparte : il leur répète l'entretien qu'il vient d'avoir avec lui, et ce récit excite leur enthousiasme.

— « Voilà tout ce que je voulais savoir, dit Bontemps... Au revoir, colonel; je vais annoncer cela à des personnes qui n'en seront pas fâchées, je vous en réponds.

— Quoi! Bontemps, tu nous quittes?

— Je ne puis faire autrement.... Madame voulait tout à l'heure me retenir; mais je me suis excusé, et elle est entrée dans mes raisons... Tenez Gérard est là pour vous dire qu'on m'attend chez moi, et que je ne puis me dispenser d'y retourner. »

Il salua Herfort et sa sœur, serra la main à Gérard, et dirigea ses pas vers sa demeure.

Pendant le déjeuner, le premier consul devint le sujet de la conversation. Herfort et Gérard en parlèrent avec l'expression de la plus haute admiration.

Cependant près de trois heures s'étaient écoulées depuis le retour de M. Herfort du château, et Gérard se disposait à sortir.

— « Vous partez, monsieur Gérard ? lui dit le colonel.

— Il le faut bien : n'ai-je pas promis d'aller rejoindre Bontemps ?

— Je vais vous accompagner... Je veux voir votre sœur, votre fille... J'ai tant de remercîmens à leur faire, qu'il y aurait de l'ingratitude de ma part à tarder plus longtemps de remplir ce que je considère comme un devoir sacré.

— Et moi aussi, reprend madame d'Eaubonne, j'ai besoin d'exprimer à cette intéressante famille toute la gratitude dont je suis pénétrée. Attendez-moi, je vous prie ; je vais aller avec vous. Je me fais une fête de voir ces braves gens. »

Madame d'Eaubonne fut bientôt prête, et, en moins de vingt minutes, ils arrivèrent à la maison de Bontemps. Comme ils montaient l'escalier, des chants confus frappèrent leurs oreilles.

— « Peste soit des malencontreux ! s'écrie Gérard en s'arrêtant sur le palier... les voilà en goguette ! »

Cette opinion était justifiée par les chansons populaires qu'on chantait chez Bontemps ; telles que : *Vive le vin, vive l'amour...*—*Si je meure, que l'on m'enterre...*—*Ah! que l'amour est agréable!...*—Les voix discordantes, qui se faisaient entendre toutes à la fois et dans différens tons, formaient un concert peu propre à flatter des oreilles délicates.

— « Il paraît que nous allons trouver joyeuse compagnie, » dit Herfort.

Louise ouvrit et demeura confuse à l'aspect de son père et des personnes qui l'accompagnaient. Sa tante, qui survint, ne fut pas moins embarrassée. Elle balbutia quelques mots qui furent perdus au milieu du bruit. Quant à Bontemps, il se leva et voulut imposer silence à ses convives ; mais, loin de réussir, ils continuèrent leurs chants avec encore plus de force.

— « Paix donc, vous autres ! s'écria-t-il, paix donc ! Ne voyez-vous pas que le colonel Herfort et madame sa sœur nous font l'honneur de venir nous voir ? »

Tous se turent et se levèrent, à l'exception d'un fort de la Halle, assis de manière à tourner le dos à la porte d'entrée.

— « Te tairas-tu, maudit Bardou ? lui dit un charbonnier placé en face de lui.... quand on te dit que v'là du monde de conséquence.

— Pardon, excuse, dit Bontemps en faisant plusieurs salutations au colonel et à sa sœur : je ne vous attendais pas sitôt... Si j'avais prévu cela, notre déjeuner ne se serait pas prolongé jusqu'à cette heure.

— Si monsieur et madame voulaient bien passer dans la chambre de ma nièce, ajoute Manette, ils seraient plus convenablement qu'ici.

— C'est vrai, ma sœur, répond Gérard; au moins il y aura moyen de s'entendre.

— Qu'est-ce qu'est donc là? demande Bardou... Quoiqu'vous saluez tous comme ça?.... Hé! continue-t-il en se retournant, c'est un citoyen et une citoyenne... Diantre! c'est qu'ça vous a un air comme il faut!.... Allons, tiens-toi ben, Bardou, et surtout pas d'sottises!... c'est là l'cas d'être civil et poli.... Y faut qu'j'aille les saluer. »

Gérard s'avance entre ses deux

cousins qui, dans leurs transports, se disposent à l'embrasser.

— Allons, leur dit Perrot en les repoussant vigoureusement l'un et l'autre, maladroits que vous êtes! ne voyez-vous pas qu'avec vos embrassades, vous allez salir l'habit du brave officier?..... Tenez, Bardou, vous venez de lui blanchir le coude... et vous, Thomas, vous avez noirci ses revers..... En arrière donc!... éloignez-vous, et surtout respectez l'uniforme de la garde.

— Quant à ça, mille zyeux! dit Bardou, je sais c'que j'dois faire... V'là mon cousin officier! c'est fort bien..... Allez, il n'en est pas plus fier; mais c'est tout d'même... faut avoir de la tenue dans la garde, et, malgré l'envie qu'j'aurais d'lui sauter au cou.....j'reste là.

— Et moi d'même, ajoute Thomas, j'suis solide au poste... Faut avoir des égards pour l'uniforme des braves de Marengo.

— Adieu, mes amis, dit Gérard; nous nous reverrons bientôt. »

Dès que les convives de Bontemps furent partis, Gérard revint auprès d'Herfort et de sa sœur. Il trouva madame d'Eaubonne tenant Louise dans ses bras et lui prodiguant les plus tendres caresses. Quant à Bontemps, il se confondait en excuses sur la conduite de ses amis; et, de son côté, Manette témoignait beaucoup d'humeur de la scène qui venait de se passer.

— En voilà de trop sur cet article... dit Bontemps; assez causé!... Aussi bien, notre femme, nous étourdissons le colonel et madame, avec toutes ces raisons... Le mal est fait; espérons qu'ils voudront bien oublier ce qui s'est passé.

— Que dites-vous ? reprend madame d'Eaubonne ; nous n'oublierons jamais ce que vous avez fait pour M. Herfort.... Votre conduite envers lui est trop belle pour que nous en perdions jamais le souvenir. »

Cet entretien, qui se prolongea pendant près d'une heure, offrit à madame d'Eaubonne l'occasion d'apprécier les bonnes qualités de Louise. Elle ne tarda pas à la prendre en affection, et avant de se retirer, elle fit promettre à Manette de la lui envoyer le lendemain matin.

— « J'ai des projets, dit-elle, et, pour m'aider à les exécuter, j'ai besoin de votre charmante nièce.

— Madame, si Louise peut vous être bonne à quelque chose, elle est à votre service..... Vous pouvez compter sur elle. »

Madame d'Eaubonne embrassa de nouveau la jeune fille, dont les yeux exprimaient la plus vive satisfaction.

Le colonel et sa sœur se retirèrent enfin, mais toutefois après être convenus avec l'officier de la garde de le voir le jour suivant. Quant à Gérard, forcé de se rendre auprès de sa compagnie, il ne tarda pas à s'éloigner; mais il promit à sa famille de venir passer la soirée auprès d'elle.

— « Hé bien! ma sœur, dit Herfort à madame d'Eaubonne, en regagnant leur demeure, que dites-vous de la famille Bontemps?

— Ne m'en parlez pas, mon frère.... si j'avais pu penser que je dusse assister à une pareille scène, je me serais bien gardée de visiter ces petites gens.

— Je conçois le déplaisir que vous avez dû éprouver... Mais ils ne se ressemblent pas tous dans cette famille.

— Je suis forcée d'en convenir... L'officier de la garde fait exception.. et même cette petite Louise est gentille; elle a d'assez bonnes manières.... Mais le reste, fi, l'horreur! Faut-il que des personnes de qualité se trouvent en rapport avec des gens de cette espèce?... V[illegible] les effets de la révolution.

— Hé! ma sœur, dans tous

temps, la reconnaissance a prescrit des devoirs que les cœurs droits aiment à remplir..... D'ailleurs, soyons justes; Bontemps, malgré ses défauts, est un homme estimable... Quant à sa femme, vous m'avouerez que c'est l'honnêteté même.

— Oui, sans doute; mais quel ton!

—Dame, c'est une blanchisseuse.

— C'est vrai... Aussi je plains sa nièce; elle serait susceptible de se former en peu de temps, si son éducation était plus soignée, et surtout si elle avait de meilleurs exemples sous les yeux.

— Elle a de la beauté; sa taille ' déjà ravissante, et ses traits parfaits.... Quel dommage ıne aussi jolie personne n'appartienne pas à une famille plus distinguée !... Mais que dis-je ? elle doit le jour à un homme fort remarquable par la supériorité de son esprit et par ses précieuses qualités. M. Gérard est un officier qui se fera remarquer dans la carrière où les événemens l'ont jeté... Quant à sa fille, je crois bien qu'il ne la laissera pas dans cette maison ; il sentira qu'elle y est déplacée.

— Si la révolution ne m'avait pas privée de ma fortune, que j'aurais de plaisir, mon frère, à prendre avec moi cette aimable enfant ! Mais le peu qui me reste suffit à peine pour la pension d'Alfred.

— Désormais, chère sœur, ce soin ne regardera que moi seul. M. de Bressoles n'a rien laissé à son malheureux fils ; je dois donc lui servir de père ; et, si je réussis dans mes projets, j'espère qu'il me devra son sort. »

Cette conversation dura jusqu'à ce qu'ils fussent rentrés au logis. Bientôt Herfort en ressortit pour aller visiter plusieurs amis qu'il n'avait pas vus depuis plus de dix ans, mais avec lesquels néanmoins il avait entretenu des correspondances pendant son exil.

CHAPITRE IX.

—

Vers les six heures, Robert se rendit, comme à l'ordinaire, auprès de Louise pour lui donner sa leçon. En entrant dans la première chambre, il déposa cinq volumes sur la commode.

La leçon, à peine commencée, fut tout-à-coup interrompue par l'arrivée de Bontemps et de Gérard. Robert se leva pour les saluer, et Louise embrassa son père.

— « Sois contente, Manette, dit l'invalide à sa femme ; je viens de rencontrer ton frère, sur le pont de la Révolution, comme il se rendait chez nous. Tu sais que j'allais faire ma partie de boules aux Champs-Élysées ; mais, comme Gérard venait passer la soirée ici, je suis revenu avec lui.

— Tu as bien fait, notre homme; et puisque Gérard nous sacrifie le reste de la journée, s'il y consent, nous irons faire une petite collation au *Mont-Pernase*, chez Filard.

— Quel est ce Filard? demande Gérard.

— C'est un restaurant dans le grand genre. Tout ce qu'on y sert est bon, et l'on n'est pas écorché comme à la Rapée ou aux Prés-Saint-Gervais... et puis, ce qu'il y a d'agréable, c'est qu'on y danse... Dame! c'est qu'il faut voir comme c'est bien composé; les petites gens ne vont pas là : les hommes n'y entrent pas en veste, ni les femmes en tablier et en bonnet rond.

— Tu as toujours de bonnes idées, toi, dit Bontemps à sa femme.... Qu'en dis-tu, Gérard?

— Je suis disposé à faire ce qu'on voudra.

— La leçon de ma nièce est-elle bientôt terminée?

— Nous ne faisons que de commencer, répond Robert; mais nous pouvons, sans inconvénient, la remettre à demain... et si vous voulez bien me le permettre, je serai de la partie.

—Très-volontiers, monsieur Robert, dit Manette; et, puisque c'est une chose convenue, je vais passer avec Louise dans sa chambre pour nous *requinquer* un peu. »

Gérard s'avança vers la table où étaient les copies faites par sa fille, et y jeta un coup-d'œil.

— « Cette écriture est assez belle, dit-il... Louise a fait des progrès... Les lettres que j'ai reçues d'elle, en Italie, n'étaient pas écrites avec la hardiesse et la netteté que je remarque dans ceci... J'ai mille remercîmens à vous faire, monsieur Robert, des soins que vous donnez à ma fille :

elle vous aura une grande obligation ; ce sont de ces services qu'on n'oublie jamais.

— Mademoiselle Louise avait de si heureuses dispositions, qu'il eût été dommage de ne pas les cultiver. J'ai commencé par lui faire connaître des ouvrages élémentaires. Aussi, maintenant qu'elle possède les principes de la langue française et qu'elle met passablement l'orthographe, je me contente, pour la perfectionner, de lui donner à copier, dans des livres, des chapitres entiers.

— Cette méthode ne me semble pas mauvaise, continua Gérard, en examinant l'écriture de sa fille... Que vois-je ! s'écria-t-il avec l'accent de la surprise... les noms de *Brandt*... de *Crettle!!!*... Mais je reconnais là un chapitre des *Barons de Felsheim!*... Ah! monsieur Robert, pouvez-vous mettre un tel ouvrage sous les yeux d'une jeune fille?

— Mais, monsieur, ce livre est entre les mains de tout le monde.

— Oui, je sais qu'il a la plus grande vogue; mais vous m'avouerez que son auteur, à qui l'on ne peut refuser du talent, en abuse souvent en s'abandonnant au délire de son imagination. Vous n'ignorez pas que dans les meilleurs ouvrages de Pigault-Lebrun, il ne se trouve toujours des scènes de la plus révoltante obscénité.... Mais que contient donc cette autre page que je prends au hasard au milieu de ces papiers?... Lisons... En croirai-je mes yeux!

« *Le vicomte de Valmont à la marquise de Merteuil.* »

— Hé! c'est une des lettres des *Liaisons dangereuses!* Voyons ce qu'elle renferme.

« *La voilà donc vaincue, cette*
« *femme superbe qui avait osé croire*
« *qu'elle pourrait me résister! Oui,*
« *mon amie, elle est à moi, entière-*
« *ment à moi; et depuis hier elle n'a*
« *plus rien à m'accorder.* »

— J'en ai assez lu, ajoute-t-il en jetant avec colère l'écrit sur la table.

—Qu'as-tu donc? lui demande Bontemps?

—Beaucoup d'humeur.

— Je vous prie de croire, monsieur, que...

—Je ne conçois pas comment on permet à Louise de semblables lectures... *Les Liaisons dangereuses!*... le livre le plus immoral!... un livre dont la lecture est d'autant plus à craindre pour la jeunesse, que le vice et la licence y sont décrits avec un talent remarquable.

— Votre indignation est fondée, reprit Robert décontenancé..... Mais il y aurait de l'injustice à s'en prendre à moi... Les personnes qui lisent indistinctement toutes sortes de romans peuvent bien, sans plus d'inconvénient, en copier quelques parties... Madame Bontemps, qui n'aime que ce genre de lecture, se fait lire chaque soir, par mademoiselle Louise, tous ceux qu'elle peut se procurer, et quoique je trouve, comme vous, cela fort inconvenant, je n'osais lui en faire l'observation.

— J'étais sûr, Gérard, dit Bontemps, que M. Robert serait de ton avis... Quant à moi, à peine fais-je attention à ce qu'on lit ici. Je n'ai pas plutôt entendu une page ou deux, que je m'endors; ça me fait toujours cet effet-là... Mais qu'importe, je vais laver la tête à Manette; je ne veux pas qu'il soit dit que ma nièce apprenne de vilaines choses chez nous. »

Manette, qui n'avait pas perdu un mot de cet entretien, sortit de la chambre où elle venait de s'habiller et dit à son frère :

— « Pardi! voilà bien des raisons pour peu de choses!... Dans tout cela, il n'y a pas de quoi fouetter un chat... Les romans m'amusent, moi, c'est vrai... Quant à l'histoire, ça m'embête : j'ai voulu plusieurs fois mettre le nez dedans, et Dieu sait combien j'ai trouvé ça ennuyant... Puisque, selon vous, les romans ne valent rien pour les jeunes filles, ma nièce n'en lira plus, je vous le promets.... Quant à moi, je n'y renonce pas; mais dorénavant je les lirai moi-même, au risque de me fatiguer la vûe.

— C'est bien, ma sœur, c'est bien; je compte sur ta promesse... Quant à vous, monsieur Robert, faites, je vous en prie, disparaître toutes ces copies : je désire que Louise n'en conserve aucune ici.

— Vous serez satisfait, monsieur Gérard, et j'espère que désormais vous n'aurez plus aucun sujet de vous plaindre pour de semblables choses. »

Robert, s'emparant des papiers

écrits par son écolière, en forme un rouleau qu'il met dans sa poche.

— « Hé bien! Manette, dit Bontemps, te voilà prête, toi; mais est-ce que ta nièce va se faire attendre, à présent?

—Non, mon oncle, reprit Louise en se montrant à l'entrée de sa chambre : vous voyez que j'ai fini ma toilette; mais, avant de sortir, je veux, pour obéir à papa, remettre à M. Robert quelques écritures que j'ai serrées sur la dernière planche de notre armoire... Venez, monsieur Robert, vous qui êtes plus grand que moi, vous pourrez facilement atteindre jusque là. »

Robert remplit le désir de la jeune fille avec empressement, et tandis qu'il faisait un nouveau paquet des papiers qu'il venait de retirer de l'armoire, Louise prit sous l'oreiller de son lit un petit volume et le lui présenta.

— « Tenez, monsieur, lui dit-elle à demi-voix, voilà le livre que vous m'avez prêté la semaine dernière... Ne m'en apportez jamais de semblables.

— Hé quoi ! petite, vous ne continuerez pas la lecture de *Faublas?*

— Dieu merci, monsieur, je ne l'ai pas commencée... Vous m'aviez recommandé de le lire en secret, et cela m'a fait faire quelques réflexions... Reprenez-le.

— Allons, puisque vous le voulez... C'est cependant le plus joli de nos romans... Surtout, Louise, n'allez pas parler de cela à vos parens.

— Je vous le promets, à condition que vous ne m'exposerez plus à de pareils désagrémens. »

Bontemps et sa femme, impatiens de quitter la maison, appelèrent coup sur coup Louise et Robert. Ils rejoignirent la compagnie, qui ne tarda pas à se mettre en route pour se rendre chez Filard.

CHAPITRE X.

Le beau temps avait attiré chez Filard une affluence considérable de monde : les salons, les cabinets et les bosquets étaient remplis de consommateurs. Les tables dressées dans le jardin, autour de l'enceinte destinée à la danse, étaient toutes occupées, à l'exception d'une seule, dont Bontemps, qui marchait quelques pas en avant de sa famille, s'empara en arrivant.

— Holà ! garçon, s'écrie-t-il ; cinq couverts à cette table, et qu'on nous serve promptement, entendez-vous ? ».

L'invalide et sa femme se dirigèrent vers la cuisine, et commandèrent les mets qui leur convinrent. En revenant à leur table, ils n'y trouvèrent que Louise et Robert.

— « Hé bien ! leur demanda Manette, où est donc mon frère ?

—Tenez, ma tante, le voyez-vous là-bas, au bout de cette allée de tilleuls ? Il se promène avec un grand monsieur, en habit bleu : ça a l'air d'un militaire.... Il a un chapeau à ganses d'or.

— C'est probablement un officier de ses amis, ajoute Robert; mais il l'a abordé avec familiarité. Comme il l'a emmené à l'écart, je pense qu'il a quelque chose d'important à lui communiquer. »

En attendant que Gérard vînt reprendre sa place, les bouteilles furent débouchées, les verres remplis, et Bontemps découpa la succulente volaille au cresson, qu'on venait de servir.

— « Excusez-moi de vous avoir fait attendre, dit Gérard en reprenant son siége; mais je ne pouvais me dispenser de parler à ce brave officier. C'est un sous-lieutenant de mon bataillon, nommé Dubois, et, entre camarades, il est de ces services qu'on ne peut se refuser.

— Est-ce qu'il s'agirait d'une affaire d'honneur? demande Bontemps.

—Non pas directement pour lui.»

Une assiette, contenant la volaille dépécée, passa de main en main, et chacun prit à son tour le morceau qui lui convenait. L'omelette soufflée, la salade de romaine, le fromage à la crême et les fraises succédèrent au poulet rôti. Le vin, qui ne fut pas épargné, ne contribua pas peu à égayer le repas. De leur table, les convives assistaient à un spectacle qui plaisait surtout à madame Bontemps : des danses nombreuses s'étaient formées au milieu du jardin, éclairé en verres de couleur; et l'orchestre, dirigé par Joly, artiste de l'Opéra, faisait entendre les charmantes contre-danses composées par le mulâtre Julien.

— Madame, dit Robert d'un air empressé, me ferez-vous l'honneur de danser avec moi ?

— Volontiers, monsieur.... »

Manette eut le temps de prendre son café et son petit verre d'anisette avant qu'on ne commençât la contre-danse où elle devait figurer avec Robert. Ils venaient de quitter la table, et entraient dans l'endroit réservé aux danseurs, quand un jeune militaire, en petit uniforme, s'avança auprès de Louise, et la salua en lui disant :

— « Mademoiselle, voulez-vous m'accorder la faveur de danser cette contre-danse avec vous ? »

Louise, qui n'osait prendre sur elle d'accepter, semblait, par ses regards, consulter son père et son oncle.

— « Allons, petite, dit Bontemps, puisque ta tante se permet ce petit plaisir-là, tu peux bien aussi profiter de l'invitation que monsieur te fait. »

Elle accompagna le jeune homme, qui la conduisit jusqu'à l'extrémité de la danse, seule place qui se trouvât disponible. Bientôt l'orchestre se fit entendre, et les danseurs furent en mouvement.

— « Ah ça ! dit Bontemps, est-ce que nous allons passer le reste de la soirée les bras croisés sur cette table ?

— Non pas, Bontemps ; c'est à moi maintenant à faire venir quelque chose... Si je demandais du vin chaud ?

—Va comme il est dit ! Au moins ma femme pourra se rafraîchir en sortant de la danse. »

Le vin chaud fut commandé, et Bontemps continuait à faire l'apologie de sa femme, quand il fut tout-à-coup interrompu par l'arrivée de Dubois.

— « Hé bien ! mon cher, dit à voix basse Dubois à Gérard, je me battrai demain.... Puis-je toujours compter sur toi ?

— Ne te l'ai-je pas promis ?.... Mais comment se fait-il ?...

— Je t'expliquerai cela.... Tout ce que je puis te dire, c'est que j'ai affaire à un fier polisson.

— Quelle arme ?

— Le sabre.

— Où te prendrai-je ?

— Au café Vacossin.

—Je sais... au coin du quai d'Orsay et de la rue du Bac... A quelle heure?

— A sept heures du matin.

— C'est bon; compte sur moi.

— Adieu, Gérard. »

A la fin de la contre-danse, chaque cavalier reconduisit sa dame à sa place. Robert revint avec Manette tout essoufflée.

Le danseur de Louise, après l'avoir ramenée à la place où il l'avait trouvée, se disposait à se retirer, quand ses yeux se rencontrèrent avec ceux de Robert.

— « Que vois-je! s'écrie Robert, hé! c'est Hippolyte Arnoud.

— Quoi! c'est vous, cher oncle! reprend le militaire... Embrassons-nous donc! »

Robert reçoit froidement le baiser de son neveu.

— « Parbleu! continue ce dernier, je ne m'attendais guère à vous rencontrer ici.

— Ni moi non plus.... Depuis quand es-tu à Paris?

— Depuis dix heures du matin. Je suis descendu dans un hôtel garni rue de Beaune, où j'ai laissé mon porte-manteau, et de là je me suis rendu chez vous, rue de Verneuil; mais vous veniez de sortir. Ne sachant si je vous rencontrerais dans la journée, j'ai remis ma visite à demain matin, et j'ai été faire une partie de billard dans un estaminet où j'ai rencontré un *pékin* à qui j'ai gagné un dîner à discrétion. Il a eu lieu ici même, et je vous réponds qu'il était soigné.

— Nul doute, dit à demi-voix l'invalide à Gérard, voilà le militaire dont Dubois parlait tout à l'heure... Il faut le faire causer... Monsieur, ajoute-t-il en s'adressant au neveu de Robert, faites-nous l'amitié de prendre un verre de vin chaud avec nous. »

Le jeune homme ne se fit pas prier : il prit place à côté de son oncle, et trinqua avec la société.

— « Par quel hasard as-tu quitté Strasbourg ? lui demande Robert.

— Que voulez-vous !... Quand on a le malheur de déplaire à son colonel, on n'est pas bon à jeter aux chiens.

— Qu'est-ce à dire ? Est-ce que tu ne ferais plus partie de la cinquième légère ?

— C'est fini, cher oncle.

— D'où provient donc ta disgrâce ?

— De peu de chose, je vous assure.

— Mais enfin...

— Hé bien! j'ai eu, en moins de six semaines, sept à huit affaires d'honneur. Est-ce ma faute, à moi, si j'ai la main malheureuse?...

— Une telle conduite de ta part, mon cher Hippolyte, devait nécessairement te faire beaucoup de tort dans l'esprit de tes chefs.

— Parbleu! c'est bien là le raisonnement d'un commis de bureau! Ne fallait-il pas que je me laissasse marcher sur le pied par des gens qui avaient juré ma perte?

— Vous me permettrez de vous faire observer, monsieur, dit Gérard, que le véritable honneur consiste plutôt à combattre les ennemis de son pays qu'à répandre le sang de ses compatriotes.

— Vous m'avouerez, camarade, que lorsqu'on a du sang dans les veines, on est chatouilleux sur le point d'honneur. Quant au genre de courage auquel vous donnez la préférence, je sais bien que beaucoup de braves gens partagent votre opinion; mais qu'à cet égard on pense ce qu'on voudra, cela m'est égal! On ne me verra jamais broncher devant aucune espèce d'ennemis, et je puis me vanter de m'être aussi bien montré en présence des Prussiens et des Autrichiens, que dans les divers duels que j'ai eus.

— Oui, reprend Robert, je sais que tu t'es distingué dans plus d'une occasion. Ton colonel, que j'ai vu il y a environ deux ans, se plaisait à te rendre justice ; mais il se plaignait en même temps de ta mauvaise tête.

— Ma mauvaise tête !... ils n'ont tous que cela à me dire !... En vérité, vous me sciez le dos avec une latte, quand vous me parlez de la sorte.... C'est comme ce soir encore ; pouvais-je m'attendre à ce qui m'est arrivé ? J'étais si tranquille, si bien disposé à me divertir... Hé bien ! cela ne m'empêchera pas d'en découdre demain matin.

— Quoi ! à peine arrivé....

— Oui, sans doute, j'ai une querelle à vider ; mais je vous assure que cela ne m'empêchera pas de dormir... Écoutez, voilà l'histoire : Ainsi que je vous l'ai déjà dit, je suis venu dîner ici avec un jeune homme, espèce de *jobard*, dont la tournure, la mise et les manières m'amusaient beaucoup. Il était accompagné d'un officier qui a voulu m'empêcher de rire aux dépens du susdit jeune homme. Loin de faire aucun cas de telles représentations, j'ai redoublé mes plaisanteries. Alors ce militaire a pris avec moi un ton qui m'a déplu, et je l'ai envoyé paître. Il s'en est suivi un rendez-vous pour demain.

— Jeune homme, reprend Gérard, si vous n'étiez pas le neveu de monsieur Robert, que j'estime de tout mon cœur, et à qui ma fille a des obligations, je me garderais bien de vous faire la moindre objection; mais comment se fait-il qu'ayant gagné bravement vos épaulettes, vous descendiez au rôle odieux de spadassin?

— Spadassin !...... Mais voilà un mot qui ressemble à une injure.

— Écoutez-moi, monsieur, et calmez vous.... Oui, je le répète, rien n'est plus vil, plus méprisable qu'un duelliste de profession. Dans son orgueil mal entendu, l'insensé sacrifiera jusqu'à ses parens et ses amis. Souvent le sang que versa sa main criminelle portera le deuil et le désespoir dans les familles; et s'il reste encore quelque chose d'humain dans son âme, son fatal triomphe le condamnera à des remords éternels... Croyez-moi, monsieur, renoncez à des habitudes qui ont déjà motivé votre disgrâce, et qui finiraient tôt ou tard par causer votre perte.

— J'avoue qu'il y a du bon dans la mercuriale... Mais c'est égal... c'est un peu dur à avaler... N'importe, puisque monsieur est bien avec vous, je lui dois des égards. »

Bontemps et sa famille rentrèrent chez eux : Gérard regagna son quartier, et Robert accompagna Arnoud chez sa mère.

CHAPITRE XI.

Rue de Verneuil, n° 35, dans la maison où logeait Robert, un professeur d'escrime, nommé Salmon, occupait une chambre située au cinquième étage. Ce jeune homme, ancien tambour-maître dans la demi-brigade d'où sortait Arnoud, avait été réformé par suite d'un coup de sabre qui l'avait privé, pendant plus de six mois, de l'usage du bras droit. Comme il avait reçu cette blessure en duel, que ces sortes de combats étaient expressément défendus, et que le corps où il servait se trouvait alors sous l'inspection d'un général très-rigide, il avait été renvoyé de l'armée sans traitement. Il avait cependant obtenu d'aller aux eaux de Plombières, et s'y était entièrement rétabli. Revenu depuis trois ans à Paris, sa ville natale, et n'ayant d'autre ressource que son adresse à manier un fleuret ou un espadon, il s'était fait maître d'armes. Réveillé en sursaut, vers les cinq heures du matin, par les coups redoublés qu'on frappait à sa porte, il sauta au bas de son lit, et ouvrit sans prendre le temps de s'habiller.

— « Ah! c'est toi, Arnoud! s'écric-t-il.

— Oui, mon ami; tu ne m'attendais guère, n'est-ce pas?

— Je t'en réponds... Qui t'amène à Paris?

— Embrassons-nous d'abord; ensuite je te conterai cela. »

Ils se jettent dans les bras l'un de l'autre et se serrent affectueusement la main.

Il lui apprit non-seulement les motifs de son voyage à Paris, mais encore sa rencontre avec le jeune musicien, leur dîner chez Filard, et le rendez-vous qu'il avait avec Dubois.

— « Quoi ! s'écria Salmon, à peine arrivé, te voilà avec un duel sur le corps !.... Va, je te reconnais bien là : tu ne changeras pas, toi !

— Parbleu ! ça t'irait bien, à toi, de trouver ma conduite étrange !... Serais-tu, par hasard, devenu un Caton ?

— Non pas, sacrebleu ! non pas... Je te réponds que quand l'occasion s'en présente, je n'évite jamais une affaire....

— Allons, je vois que si je reste quelque temps à Paris, nous pourrons tous les deux *faire aller* plus d'un *pékin*.... Mais revenons à ce qui m'intéresse. D'après tout ce que je viens de te dire, il est certain que, malgré les intentions pacifiques de Gérard, l'officier avec qui j'ai eu des raisons exigera des excuses, et tu sais si je suis homme à en faire.... Je suis sûr qu'il voudra se battre... Dans ce cas, tu seras mon témoin, n'est-ce pas?

— Volontiers.... Mais si le rendez-vous est à sept heures, il est temps de m'habiller.

— Sans doute. »

En moins d'un quart-d'heure, le maître-d'armes fut prêt à suivre son ancien camarade. Ils se rendirent, sur les six heures et demie, au café Vacossin, où ils se firent servir chacun un verre de rhum, en attendant les deux officiers de la garde. Ils arrivèrent à sept heures précises. On s'aborda en se saluant. Gérard et son camarade prirent place à la même table que leurs adversaires, et firent venir chacun une limonade.

— « Ah çà ! jeune homme, dit Gérard à Arnoud, avant de sortir d'ici, convenons de nos faits. La nuit porte conseil, et je me plais à croire qu'après avoir réfléchi sur votre conduite peu mesurée à l'égard de Dubois, vous êtes dans des dispositions plus raisonnables. En considération de monsieur votre oncle, je tiens beaucoup à arranger cette affaire. Quoique Dubois soit très-susceptible sur le point d'honneur, je suis néanmoins parvenu à calmer son ressentiment; et si, de votre côté, vous avez cette modération qui distingue ordinairement les vrais braves, au lieu d'aller vous couper la gorge pour une chose qui n'en vaut pas la peine, vous vous quitterez bons amis, et vous acquérerez des droits à votre estime réciproque.

— Pour le coup, reprend Arnoud avec un rire plein de dédain, voilà une proposition bien pacifique pour des officiers de la garde ! Ce n'était guère la peine de me faire lever si matin. Il fallait tout bonnement m'envoyer un billet pour me prévenir que je pouvais rester dans mon lit. Au moins je me serais reposé de mon voyage. Mais j'aurais dû m'attendre à cela : votre sermon d'hier devait me faire pressentir que nous ferions une corvée en nous rendant ici... Qu'en dis-tu, Salmon ?

— Sacrebleu ! répond le maître d'armes, je suis de ton avis. Est-ce qu'on dérange les gens quand on ne veut pas se battre ?... Mais regarde donc, Hippolyte, comme les deux camarades pâlissent... Tiens, crois-moi, allons-nous-en, et laissons ces fameux champions en face de leurs limonades. »

Gérard et Dubois pâlissaient en effet, mais c'était de colère. Tant d'insolence les étonnait au point de leur interdire la parole. Après avoir considéré en silence leurs adversaires, ils échangèrent entr'eux des regards où se peignait la plus vive indignation. Cependant Salmon se leva le premier; mais il se sentit tout-à-coup arrêté par une main vigoureuse.

— « Vous ne partirez pas sans nous, dit Gérard en lui pressant le bras avec force. Vous n'êtes pas quitte de vos impertinences.

— Ni vous non plus, ajoute Dubois en s'adressant à Arnoud : tant d'offenses à la fois méritent une leçon, et j'espère vous la donner. »

Ils montent tous les quatre en voiture et se font conduire derrière le cimetière de la Charité, lieu désigné pour le combat.

En arrivant sur le terrain, Arnoud et Salmon furent les premiers à mettre habit bas, et cherchèrent à intimider leurs adversaires par leur contenance assurée. Mais le sang-froid de ces derniers avait quelque chose de si imposant, que ces misérables ne tardèrent pas à s'apercevoir qu'ils avaient affaire à des braves.

— « Allons, nous y voilà, dit à demi-voix Arnoud à son ami. Il n'y a pas à badiner ; ce sont des lurons qui ne boudent pas.

— Tu as raison, répond Salmon. Le vin est tiré, il faut le boire. »

Puis, s'approchant des deux officiers de la garde :

— « Un instant, messieurs, leur dit-il; avant de s'aligner, il faut faire l'examen des armes. »

Les sabres d'Arnoud, de Salmon et de Dubois se trouvèrent de la même longueur; mais celui de Gérard avait un pouce de moins que les autres.

— « Vous ne vous servirez sans doute pas de ce sabre, lui dit Salmon... La partie ne serait pas égale.

—Je tiens trop à cette arme pour en employer une autre.... Profitez de cet avantage, j'y consens.

— Ah! je vois ce que c'est... un sabre d'honneur! Allons, c'est égal, voyons s'il vous portera bonheur... En garde! »

Un double combat s'engage, et,

dès les premiers coups, Salmon est désarmé.

— « Ramassez votre arme, lui dit Gérard, et tâchez de la tenir plus ferme. »

Salmon, confus, se remet en garde, quand Gérard, d'un nouveau coup de revers, le force encore de lâcher son sabre, qui va tomber à quelques pas.

— « Quel homme! s'écrie Salmon, honteux de sa mésaventure. Il n'a pas son pareil! »

Pendant qu'il va reprendre son arme, Dubois est atteint d'un large coup de sabre au bras, et le combat entre Arnoud et lui cesse.

— « Hé bien! hé bien! dit Arnoud en se retournant du côté du maître d'armes, où en es-tu donc, toi, avec le camarade?

— Mille tonnerres! répond Salmon, revenant de sa stupeur, j'enrage!.... Désarmé deux fois!... Jamais cela ne m'était arrivé... Quelle humiliation!

— Quant à moi... regarde : mon homme a reçu son affaire.... Mais toi, est-ce que tu en restes là?

— Non pas, non pas.... ça n'est pas fini.

— Jeune imprudent! reprend Gérard avec calme.... vous voulez donc que je vous tue?

— Qu'est-ce à dire? Sacrebleu! il a du front celui-là! oser parler ainsi à un homme comme moi... à un maître d'armes!... En garde, mille dieux! Pas de quartier! il faut que l'un des deux reste sur le carreau!

— Là là là, calmez-vous, citoyen.... mais je veux vous laisser vivre.... Ce serait sans doute un service à rendre à la société, de la débarrasser d'un drôle de votre espèce; mais je me contenterai de vous faire une petite saignée.... Où voulez-vous que je vous touche?

— Par la mort! c'en est trop.... Allons, en garde!

— Peste! vous êtes pressé..... Voyons, puisque vous le voulez.... j'y suis. »

Ils croisent le fer pour la troisième fois. L'arme de Gérard écarte avec violence celle de Salmon, qui reçoit une blessure à la hanche droite.

— « Ne soyez pas si fier avec votre sabre d'honneur, dit Arnoud à Gérard en s'avançant vers lui d'un air furieux : si mon camarade a joué de malheur, j'espère être plus heureux, moi. Je me suis trouvé plus d'une fois à pareille fête, et je m'en suis tiré. Quand le diable s'en mêlerait, vous n'êtes pas plus redoutable qu'un autre.

— Allons, vous êtes un étourdi, lui répond Gérard en le repoussant. Rendez grâce à votre oncle si je refuse de me mesurer avec vous.

— Je me moque de mon oncle comme de vous ; et si vous ne vous défendez pas, je vous préviens que je tombe sur vous.

— Malheureux! qu'oses-tu faire?»

Gérard, forcé de parer, porte un si vigoureux coup de sabre sur celui d'Arnoud, que la lame se brise.

— « Allons, misérable, continue Gérard, retire-toi, et que ceci te serve de leçon! Emmène ton digne ami dans ce fiacre, et surtout gardez-vous l'un et l'autre de jamais m'adresser la parole... Viens, Dubois; nous trouverons une autre voiture à la barrière. »

Gérard conduisit Dubois à l'hôpital militaire du Gros-Caillou, où sa blessure fut pansée sur-le-champ : quoique large et profonde, elle était de nature à ne donner aucune inquiétude sur ses suites.

De son côté, Salmon fut transporté chez lui. Un chirurgien, demeurant dans sa maison, fut appelé, et se chargea de le guérir promptement.

CHAPITRE XII.

Ainsi que Manette s'y était engagée, elle avait envoyé, dès neuf heures du matin, sa nièce chez madame d'Eaubonne, qui l'avait accueillie avec de grandes marques de tendresse. Cependant, malgré l'extrême bonté de cette dame, il régnait dans ses manières avec la jeune fille, un ton de protection qu'elle ne manquait jamais de prendre envers toutes les personnes d'une obscure condition. Il n'en était pas de même d'Herfort, qui était aux petits soins avec elle. Il l'accablait de politesses, lui adressait les paroles les plus obligeantes, et la rendait même confuse par les éloges qu'il lui prodiguait.

Herfort, qui avait long-temps vécu dans le grand monde, avait conservé les manières qui distinguaient les gens de l'ancienne cour, et quoique Louise lui inspirât déjà un sentiment dont il n'osait se rendre compte, il fut si réservé auprès d'elle et en même temps si affectueux, que tant de prévenances pour une simple ouvrière, jointes à l'émotion qu'il éprouvait en la contemplant, fixèrent l'attention de madame d'Eaubonne, et lui firent faire quelques réflexions. Elle continua cependant à combler d'égards la jeune fille, qui déjeuna avec elle et son frère.

Cette circonstance offrit à Louise l'occasion de leur prouver qu'elle possédait d'autres qualités que celle de la beauté. Elle répondit à toutes leurs questions de manière à les convaincre qu'elle était douée de beaucoup d'esprit naturel. En effet, sa physionomie distinguée, la décence de sa mise et de son maintien, le choix de ses expressions, rien en elle ne trahissait l'état qu'elle exerçait : tout, au contraire, dans sa personne, aurait pu faire croire que son éducation avait été soignée.

Dès que le déjeuner fut terminé, on se leva de table, et madame d'Eaubonne dit à la fille de Gérard :

— « Louise, ne perdons pas de temps... Vous savez que j'ai compté sur vous pour certains projets.... Vous allez monter en voiture avec mon frère et moi. Nous avons l'un et l'autre quelques emplettes à faire, et comme nous sommes persuadés que vous avez du goût, nous n'acheterons rien sans vous consulter.

— Vous auriez tort, répondit Louise, de vous en rapporter à moi qui n'ai aucune expérience : votre choix doit l'emporter sur le mien..,

D'ailleurs, où aurais-je pu me former le goût? Ce n'est certainement pas en faisant un métier comme le mien.

— Cette chère petite! s'écria madame d'Eaubonne en fixant sur Louise des regards pleins d'intérêt, quel charme de la voir!... C'est qu'en vérité sa profession ne l'a pas empêchée de prendre toutes les habitudes d'une personne bien élevée!.... Qui pourrait s'imaginer qu'elle a toujours vécu au sein d'une famille estimable sans doute, mais peu capable de former l'esprit et le cœur d'une jeune fille?

— Ma sœur, reprit Herfort, parlez de ces braves gens, je vous prie, avec plus de réserve... Leur nièce serait-elle si parfaite, s'ils ne lui avaient pas constamment offert de bons exemples ? »

Louise monta en voiture avec M. Herfort et madame d'Eaubonne.

CHAPITRE XIII.

—

Gérard, après être resté plus de deux heures auprès de son ami Dubois, s'était rendu à la caserne du quai d'Orsay, où son devoir l'avait retenu le reste de la matinée. Ayant été dîner avec plusieurs de ses camarades chez un traiteur, aux Champs-Élysées, il les quitta vers les sept heures pour se rendre auprès de sa famille. En entrant dans la maison où elle demeurait, il fut étonné de rencontrer dans la cour Bontemps, fumant sa pipe et assistant au travail de deux tonneliers occupés à descendre une pièce de vin dans une cave. Elle était envoyée à Bontemps par Herfort. Gérard eut à admirer la richesse des cadeaux faits à sa sœur et à sa fille, et surtout des bijoux donnés à cette dernière.

— « Le colonel, s'écria-t-il, a autant de goût que de générosité. Maintenant que j'ai tout vu, tout admiré, je dois te demander un renseignement... D'après ce qu'indique l'écriteau que j'ai remarqué en arrivant ici, il y a dans cette maison un logement meublé à louer. »

Gérard et sa sœur allèrent visiter ce logement qu'ils arrêtèrent.

Dès que Gérard fut parti, Manette et Louise le préparèrent et y firent les arrangemens qu'il avait demandés.

—

CHAPITRE XIV.

—

Quatre heures venaient de sonner ; le couvert était mis et madame d'Eaubonne attendait son frère avec impatience, quand il arriva avec Robert.

— « Félicitez-moi, ma sœur, lui dit-il en entrant; tout a réussi au gré de mes désirs. Après vous avoir quitté ce matin, j'ai eu audience du citoyen Carnot, ministre de la guerre. Il m'a remis mon brevet de colonel : je serai provisoirement attaché à l'état-major du général Lecourbe, que je dois rejoindre à l'armée des Grisons. J'ai l'ordre de quitter Paris dans six jours au plus tard, et je vais faire mes dispositions en conséquence. Carnot, que j'ai particulièrement connu lorsqu'il n'était que simple lieutenant du génie, et avec lequel je me suis trouvé en 89, m'a témoigné le plus vif intérêt.

« Apprenez, chère sœur, continue le colonel, que M. Robert consent à se charger, pendant mon absence, de mes affaires à Paris. Il veut bien s'occuper de mes intérêts, des vôtres et de ceux de notre neveu. La haute confiance qu'il m'inspire me donne lieu de croire que nous ne saurions les remettre en des mains plus habiles et plus fidèles. »

Robert parut vivement pénétré des éloges dont il était l'objet, et reçut ces témoignages d'estime de manière à faire croire que personne n'en était plus digne que lui. Pendant le dîner, il n'eut pas de peine à éblouir Herfort par ses protestations de dévouement et par ses raisonnemens sur la manière de gérer les affaires.

— « Je vois, dit Herfort en lui serrant affectueusement la main, que vous n'êtes pas un homme à compromettre la petite fortune qui me reste, et que je puis m'en rapporter entièrement à votre prudence pour la gestion de mes affaires. Vous m'inspirez tant de confiance, mon cher monsieur Robert, que, si je ne craignais d'abuser de votre bonté, je vous prierais de vous charger de ce qui est relatif à mon équipement.

— Volontiers, colonel; je suis prêt à faire tout ce qui peut vous être agréable.

— Vous savez, monsieur Robert, qu'il me faut trois chevaux, deux pour moi, un pour le domestique que j'emmènerai avec moi.

— Demain, je vous conduirai chez un marchand de chevaux de ma connaissance; c'est un brave homme dont vous n'aurez qu'à vous louer.... Quant au domestique dont vous avez besoin, je vous propose un honnête garçon qui vous conviendra.

— Puisque vous m'en répondez, je le prendrai à mon service.

— A l'égard de vos uniformes, je crois, colonel, que vous ne pouvez mieux vous adresser qu'au maître tailleur de la garde consulaire. Je vous l'enverrai demain matin, et, en moins de deux jours, vos habillemens vous seront livrés. »

Les offres de Robert furent reçues avec reconnaissance, et dès qu'on se leva de table, Herfort lui remit plusieurs billets de banque pour subvenir aux dépenses qu'il allait faire pour lui.

L'officieux Robert prit congé du colonel et de sa sœur, qui, de leur côté, ne tardèrent pas à monter en voiture pour aller à Passy, voir

Alfred de Bressoles, leur neveu. Leur visite fut de courte durée. La vue de cet enfant, loin de produire sur son oncle la douce émotion à laquelle son âme était préparée, lui inspira tout-à-coup une sorte d'antipathie dont il ne pouvait se rendre compte, et qu'il voulut combattre. Il le prit sur ses genoux, et lui fit quelques caresses; mais, soit qu'Alfred les reçût avec froideur, soit qu'un funeste pressentiment vint, en ce moment, frapper l'imagination d'Herfort, il repoussa involontairement son neveu qui, de son côté, s'éloigna précipitamment et se réfugia dans les bras de sa tante.

Pendant le chemin pour revenir à Paris, madame d'Eaubonne ne cessa de faire l'apologie de son neveu, et Herfort, par déférence pour elle, parut prendre plaisir à lui entendre faire l'éloge d'Alfred.

Cependant Robert n'avait pas perdu de temps, car il avait déjà fait une partie des commissions dont il s'était chargé. Vers la fin de la journée, il se rendit chez madame d'Eaubonne, avec un garçon de vingt ans qu'il présenta au colonel.

— « Ah çà! monsieur Herfort, reprit Robert, j'ai fait toutes vos commissions; et, dès demain, tout ce dont vous avez besoin pour entrer en campagne sera mis à votre disposition.

—Vous êtes vraiment trop obligeant, monsieur Robert.... je crains d'abuser de votre complaisance.

—Que dites-vous, colonel? Puisque vous daignez me charger de la gestion de vos affaires, je dois m'empresser de vous prouver mon zèle et de justifier votre confiance. »

Herfort et sa sœur, qui regardaient Robert comme le plus honnête des hommes, éprouvaient une grande satisfaction en entendant ses protestations de dévouement. Pleins de confiance dans sa droiture, ils lui témoignèrent la plus haute estime, et lui parlèrent du ton le plus amical. Il resta toute la soirée auprès d'eux, et acheva de leur fasciner les yeux par ses manières insinuantes et ses discours pleins d'artifices.

Le lendemain, tous les arrangemens qu'il prit au nom du colonel reçurent leur exécution, et dès le troisième jour, Herfort se trouva en état de rejoindre l'armée des Grisons.

Avant de partir, il désira réunir la famille Bontemps dans un grand dîner, et fit part de ce projet à sa sœur; mais comme, malgré sa grande bonté, elle ne pouvait se défendre d'un peu de fierté, elle témoigna peu d'empressement pour cette réunion.

— « Je m'aperçois, Madame, lui dit-il, que vous ne seriez pas à votre aise avec les Bontemps.

— Ce sont de fort honnêtes gens que j'estime beaucoup; mais vous conviendrez que, pour des personnes de notre rang, cette sorte de société est un véritable supplice.... Ah! s'il s'agissait de M. Gérard, et même de sa fille, vous me verriez empressée à les recevoir.

— Je vois avec plaisir que vous rendez justice à ce brave officier et à l'aimable Louise..... M. Robert m'a appris que Gérard demeure maintenant dans la même maison que sa sœur. Je vais de ce pas me rendre auprès de cette famille, pour lui faire agréer mon invitation. »

Il embrassa tendrement madame d'Eaubonne et sortit.

CHAPITRE XV.

Malgré les démarches que Robert avait faites pour le colonel, il n'avait pas négligé la famille Bontemps : il la voyait journellement, soit pour porter des romans à Manette, toujours avide de ce genre de lecture, ou pour donner ses leçons à la fille de Gérard. Quoique Louise demeurât avec son père, elle continuait à travailler avec sa tante.

— « Ah! c'est vous, monsieur Robert? dit Manette en apercevant le professeur.

—Oui, madame ; je vous apporte un livre nouveau : *Célina ou l'Enfant du mystère*. Ce roman est d'un grand intérêt : il est rempli de situations pathétiques.

— *Pathétiques!*... Vous voulez rire, monsieur Robert... *Pathétiques!* Voilà un mot bien drôle, tout de même!

— Non, ma tante, M. Robert ne plaisante pas. Pathétique veut dire une chose touchante, une chose qui émeut, qui va à l'âme, enfin qui fait pleurer.

— Ah! je comprends maintenant... Dame! j'ignorais... mais de ce que je ne sais pas on ferait un beau livre... Je ne suis pas comme toi, Louise. Aussi j'approuve le parti que Gérard vient de prendre de te faire changer de métier.

— Quoi! s'écrie Robert, mademoiselle Louise va donc vous quitter?

— Non pas, non pas; tant que son père restera à Paris, elle ne s'en séparera point; mais il est question de lui faire apprendre l'état de modiste, et, comme Bontemps connaît une marchande de modes qui tient un magasin rue du Bac, il vient d'y conduire Gérard, qui désire entrer en arrangement au sujet de sa fille avec cette dame.

— A la bonne heure; voilà ce qui vous convient, mademoiselle Louise. »

Comme Robert mettait les quatre volumes sur la commode, Bontemps et Gérard rentrèrent. Il y eut entre eux et lui un échange de politesses.

— « Hé bien! Bontemps, dit Manette, comment madame Bernard a-t-elle reçu ta proposition?

— On ne peut pas mieux... J'étais bien sûr que cette brave femme s'empresserait de saisir l'occasion de nous être agréable. Elle n'a pas oublié que je fus l'ami de son père.

— Cette dame Bernard, ajouta Gérard, paraît une excellente personne. La maison est fort décente, et je crois que Louise ne s'y déplaira pas.

— Surtout, mon père, reprit la jeune fille, si elle consent à ce que je continue à demeurer avec vous.

— C'est une chose convenue, ma fille. »

Cette conversation fut interrompue par l'arrivée d'Herfort, qui, après les complimens d'usage, annonça le motif de sa visite.

— « Mes amis, dit-il en s'adressant aux deux beaux-frères, je viens vous inviter, ainsi que madame Bontemps et mademoiselle Louise, à dîner demain au Cadran-Bleu, boulevart du Temple. J'espère que vous ne me refusèrez pas.

— Nous acceptons, mon colonel, nous acceptons, répondit l'invalide d'un air joyeux... Diable! un dîner au Cadran-Bleu!

— Vous nous faites trop d'honneur, reprit Gérard, en interrompant son beau-frère. Mais permettez-moi de vous faire observer que c'est pousser trop loin les égards que vous croyez nous devoir.

— Non, Gérard, je ne l'entends point ainsi, et vous me feriez de la peine en me refusant... Quant à vous, monsieur Robert, mon intention était de vous engager à être de la partie, et je suis content de vous rencontrer ici... Serez-vous des nôtres?

— Avec plaisir, monsieur; cela m'est d'autant plus agréable que vous connaissez mon attachement pour la famille Bontemps. »

Après s'être entendu pour l'heure

du rendez-vous, le colonel se retira.

Le lendemain, Herfort et ses convives se trouvèrent réunis à l'heure convenue. Madame Bontemps, qui avait fait de grands frais de toilette, était rayonnante de joie. Placée vis-à-vis du colonel, elle ne cessait de l'accabler de complimens, et, comme toujours, son langage trivial et ses manières communes se ressentaient de son manque d'éducation.

Les vins les plus délicats n'ayant pas été épargnés dans le cours du dîner, les têtes commençaient à s'échauffer quand on servit le dessert. Bientôt une discussion très-animée sur les affaires du temps s'éleva entre Gérard, Robert, Bontemps et sa femme, tandis que, de son côté,

Herfort adressa quelques complimens flatteurs à Louise. En lui parlant, il s'était furtivement emparé de sa main, qu'il serrait tendrement, et fixait sur elle des regards passionnés. Bientôt la jeune fille éprouva une émotion inconnue jusqu'alors à son cœur. Néanmoins son premier mouvement fut de retirer sa main; mais le colonel la retint dans la sienne, et lui dit à voix basse :

— « Louise, ne me repoussez pas... Ayez pitié d'un homme qui vous aime. »

Ces paroles, prononcées avec feu, jetèrent le trouble dans l'âme de Louise.

Il était neuf heures quand on se leva de table. En sortant du Cadran-Bleu, Herfort proposa à ses convives de les mener prendre des glaces au pavillon d'Hanovre (1).

— « Des glaces ! s'écria Manette... on dit que c'est une bien bonne chose.

— Hé bien ! votre désir sera bientôt satisfait. »

Ils dirigèrent leurs pas le long du boulevard du Temple. Bontemps et Gérard marchèrent en avant ; Robert et Manette les suivirent de près ; Herfort et Louise se tinrent derrière eux à une certaine distance. Louise était d'autant plus agitée que, chemin faisant, le colonel lui pressait de temps en

(1) A cette époque, on avait établi un magnifique café dans les salons et le jardin du pavillon d'Hanovre.

temps le bras. Il finit par s'emparer de sa main, et la lui serra comme il avait fait pendant le repas. La jeune fille était dans un émoi qu'elle ne pouvait cacher.

— « Mademoiselle, lui dit-il, je vais donc partir... Dans trois jours, j'aurai quitté Paris... Que de regrets vont me suivre loin de vous!

— Que pouvez-vous regretter, monsieur, après avoir obtenu du gouvernement les faveurs que vous sollicitiez?

— Quoi! Louise, vous ne le devinez pas!..... c'est vous, aimable enfant, qui êtes l'unique objet de ces regrets qui vont faire le tourment de ma vie; c'est vous que j'aime, vous dont l'image chérie me suivra en tout lieu.

— De telles paroles m'étonnent

dans votre bouche, répond Louise en retirant précipitamment sa main. Si vous croyez, monsieur, que l'obscurité de ma condition vous donne le droit de me tenir de pareils discours, songez, je vous prie, que je dois le jour à un brave officier qui mérite des égards.

— Désabusez-vous, mademoiselle : Dieu, qui lit dans mon cœur, sait si j'ai l'intention de vous tromper...

— Serait-il vrai ?

— Mais, malgré la pureté de mes sentimens, puis-je me flatter de vous plaire ? Hélas ! je sens que j'aurais dû renfermer dans mon sein une passion que la raison réprouve... En effet, quelle folie !... vous êtes si jeune... et moi, j'ai quarante ans.

— Monsieur Herfort ! s'écria Louise avec l'accent de la joie, parlez-vous sérieusement?

— Hé quoi ! mademoiselle, douteriez-vous de ma probité ?

— Oh ! non, assurément.... Mais puis-je me persuader qu'un homme comme vous pense sérieusement à.....

— N'achevez pas, Louise..... je vous comprends.... Oui, je sens combien il serait ridicule à mon âge d'avoir la prétention de vous plaire.

— Votre âge !... hé ! voilà justement ce qui ajoute encore aux avantages que vous possédez..... Votre âge ne commande-t-il pas la confiance ?

—Ce n'est donc pas là l'obstacle que j'ai à redouter ?

— Non, sans doute... mais il en est un qui me paraît insurmontable... C'est la différence de nos conditions.

— Vain préjugé, dont je saurai m'affranchir !..... Oui, Louise, si vous m'aimez, il n'est pas de sacrifices que je ne fasse pour vous posséder. Grâce au temps où nous vivons, les rangs sont confondus, et mon union avec la fille d'un brave ne saurait être une mésalliance pour moi. Si je n'étais pas sur le point de rejoindre l'armée, je me hâterais de former des nœuds qui doivent assurer mon bonheur ; mais le devoir m'appelle, et ce n'est qu'à mon retour à Paris que je pourrais accomplir le vœu le plus cher à mon cœur.»

Herfort et Louise se virent à regret forcés de suivre de près madame Bontemps. Cependant le colonel trouva le moyen de parler encore de son amour à la fille de Gérard, et de la supplier de venir voir madame d'Eaubonne, le lendemain matin. Louise lui en fit la promesse, et s'engagea en outre à garder le silence sur la déclaration qu'il venait de lui faire.

Ils arrivèrent enfin au pavillon d'Hanovre, et quand ils furent placés autour d'une table, ils se firent servir des glaces. Malgré la préoccupation d'Herfort et de Louise, ils ne purent s'empêcher de se joindre à Gérard et à Robert, pour rire aux éclats de la mine que firent l'invalide et sa femme en goûtant à leurs glaces.

On se retira vers les onze heures, et pendant la route, Herfort ne négligea point Louise. Quoiqu'il y eût loin du boulevart de la Chaussée-d'Antin à la rue Saint-Dominique, le trajet leur parut court.

CHAPITRE XVI.

—

Le lendemain, Louise se présenta chez madame d'Eaubonne. Baptiste lui ayant dit qu'elle était au bain, avec Marguerite, la jeune fille allait se retirer; mais le colonel, qui venait d'entendre sa voix, accourut auprès d'elle, et la pria d'entrer dans le salon. Dès qu'il fut seul avec elle, il s'abandonna entièrement aux transports que lui causait sa présence, et lui exprima son amour avec tant de feu qu'elle ne put douter de la sincérité de ses sentimens.

— « Chère Louise! lui dit-il, je puis donc, sans témoin, vous répéter le serment que je vous fis hier. Oui, je jure, par tout ce qu'il y a de sacré sur la terre, de n'avoir jamais d'autre femme que vous. Que ne puis-je, aujourd'hui même, faire part de mon projet à ma sœur! Mais, étant sur le point de partir, il me reste trop peu de temps pour entreprendre de vaincre les préjugés de madame d'Eaubonne. Elle vous voit avec plaisir : croyez-moi, ne la négligez pas pendant mon absence ; faites tout ce qui dépendra de vous pour la convaincre que vous êtes digne d'une meilleure condition ; montrez-vous enfin telle que vous êtes, ma chère Louise, c'est-à-dire bonne, sensible, vertueuse et spirituelle.

— Je suis loin de mériter le bien que vous dites de moi, monsieur Herfort ; mais je ne considère vos éloges que comme l'expression d'un véritable amour, et, sous ce rapport, rien ne saurait me flatter davantage. Oui, je ne crains pas de vous en faire l'aveu, je sens tout le prix du bonheur que l'avenir me promet, et l'idée de vous consacrer ma vie répand dans mon âme une joie que je ne puis exprimer. »

Il fut convenu, entre Louise et Herfort, qu'ils s'écriraient souvent pendant la durée de leur séparation, et qu'ils se communiqueraient réciproquement jusqu'à leurs plus secrètes pensées.

Madame d'Eaubonne rentra. Elle parut sensible à la visite de Louise, et l'accabla de politesses. La fille de Gérard ne resta que peu de temps auprès d'elle.

Le lendemain, les deux amans eurent encore l'occasion de se voir sans témoin; mais leur entrevue fut de courte durée, car Herfort eut, dans la matinée, une dernière audience du ministre de la guerre, et passa la soirée chez le premier consul.

Enfin le moment de partir arriva: le colonel fit ses adieux à la famille

Bontemps, et renouvela ses offres de service à Gérard, qui fut vivement touché de cette marque d'estime. Quant à Louise, elle se fit violence en présence de ses parens; mais lorsqu'elle fut seule, elle arrosa de ses larmes le portrait d'Herfort, et se livra sans réserve au regret d'être séparée, peut-être pour long-temps, de celui à qui elle avait donné sa foi.

Madame d'Eaubonne fut pendant plusieurs jours inconsolable du départ de son frère; mais Robert, qui lui faisait de fréquentes visites, employait tous les moyens pour calmer ses inquiétudes et dissiper ses ennuis.

CHAPITRE XVII.

—

Ainsi qu'il avait été convenu, Louise était entrée chez madame Bernard. Cette marchande de modes, dont le magasin avait la vogue, eut toutes sortes d'égards pour la fille de Gérard. Il est vrai qu'elle était aussi laborieuse qu'adroite, et qu'en peu de temps elle devint une excellente ouvrière. Elle travaillait régulièrement toute la semaine, et n'était libre que les dimanches et les jours de fête.

Un dimanche matin qu'elle était seule dans son logement, Robert vint lui rendre visite. Après avoir fermé la porte sur lui, il s'introduisit jusque dans le cabinet où Louise se tenait ordinairement. Après les complimens d'usage, il s'assit auprès d'elle, et lui demanda où était son père.

— « Il déjeune chez son ami Dubois, répondit-elle.

— Et monsieur et madame Bontemps, où sont-ils donc?... Je viens de frapper à leur porte, et personne ne m'a répondu.

— Ce n'est pas étonnant, monsieur Robert, ils sont partis, dès ce matin, pour Saint-Cloud, où ils doivent passer la journée.

— Comment n'êtes-vous pas avec eux, mademoiselle ? Il fait aujourd'hui le plus beau temps du monde.

— Je les aurais volontiers accompagnés ; mais nous sommes, mon père et moi, invités à dîner chez M. Réant, quartier-maître de la garde.

— C'est ce qui explique pourquoi je vous vois occupée des apprêts de votre toilette... La robe que vous tenez là est d'un goût parfait...

« Allons, chère petite, ajouta-t-il en cherchant à détacher le fichu qui couvre le sein de Louise, faites comme si je n'étais pas là..... Habillez-vous, et souffrez que je vous aide.

— Reculez-vous, monsieur, dit Louise en le repoussant avec force... Ce que vous faites est fort mal.

— Soyez donc moins sévère, Louise. Ecoutez, je vais vous parler franchement. Depuis long-temps vous avez dû vous apèrcevoir que je vous aime. Si vous voulez être ma bonne amie, vous n'en serez pas fâchée. J'aurais pour vous les meilleurs procédés.

— A qui croyez-vous parler, monsieur? Vous êtes un impertinent; retirez-vous.

—Allons, allons, vous n'ignorez pas comment s'arrangent ordinairement les marchandes de modes. Quelle est celle qui n'a pas d'amans? Vous ne ferez sans doute pas exception à la règle. Vous auriez d'autant plus mauvaise grâce de vous fâcher de mes propositions qu'elles sont avantageuses. Oui, ma petite, si tu veux m'écouter, tu ne manqueras de rien.

— Quel langage !

— Sais-tu, petite, que ce mouvement de colère te sied à ravir?.. cela te rend encore plus jolie à mes yeux... Allons, point de façons ! il faut d'abord que je t'embrasse. »

Il saisit Louise par la taille, ose porter la main sur sa gorge, et veut arracher par la violence le baiser qu'elle lui refuse. Louise, indignée de tant d'audace, pousse quelques cris en cherchant à se débattre, et parvient enfin à se dégager de ses bras.

Au même instant Gérard qui se dispose à rentrer chez lui, s'arrête avant d'ouvrir la porte. Il vient d'entendre du bruit dans son logement, et, ne sachant à quoi en attribuer la cause, il prête une oreille attentive. Distinguant la voix de sa fille et celle de l'homme qui la tourmente, il met dans la serrure la clef qu'il tourne avec précaution, ouvre la porte sans faire le moindre bruit, entre dans la première pièce, et est aux écoutes.

— « Parbleu! continue Robert, tu serais bien dupe de rejeter mes offres. Faut-il te répéter, petite, que si tu consens à devenir ma maîtresse, tu n'auras pas à t'en repentir? Oui, je te jure, foi de Robert, que quand ton père partira pour l'armée, mon premier soin sera de te mettre dans ta chambre, de t'acheter de jolis meubles, et de pourvoir à tous tes besoins.

—Quelle insolence!... c'est abominable!... sortez, monsieur, sortez. »

Gérard, ne pouvant plus contenir son indignation, s'élance dans la chambre et saisit Robert à la gorge. — « Misérable! s'écric-t-il en le renversant sur le carreau... c'est donc ainsi que tu abuses de ma confiance! Infâme suborneur, ajoute-t-il en tirant son sabre, il ne tient à rien que je ne te coupe les oreilles; mais non, cette arme ne doit pas être rougie d'un sang aussi vil que le tien. Allons, lève-toi, et sort de ma présence.

— Pardon, monsieur Gérard, dit Robert en tendant vers lui des mains suppliantes, pardon..... je suis prêt à réparer...

— Sors, te dis-je, où je ne réponds pas de ce qui pourrait arriver. »

Tandis que Robert se retire confus, Gérard lui applique plusieurs coups de son arme sur les reins; il lui donne en outre un si rude coup de pied qu'il descend avec précipitation les marches jusqu'au bas de l'escalier, se heurte le front contre un mur, et reçoit plusieurs contusions Furieux, il s'éloigne méditant le projet de venger l'affront qu'il vient de recevoir.

— « Console-toi, ma fille, dit Gérard en l'embrassant : te voilà débarrassée pour toujours de cet homme abominable. Il vient de recevoir une leçon dont sans doute il profitera.

— Dieu merci, mon père, vous l'avez traité comme il le méritait. J'espère bien qu'il ne remettra plus les pieds ici.

— Ni chez ma sœur. Quand elle apprendra son équipée, elle en sera d'autant plus indignée qu'elle avait une autre opinion de sa moralité. Mais ne pensons plus à cet être méprisable... »

Ils se rendirent chez le quartier maître où l'on n'attendait plus qu'eux pour se mettre à table. Les convives étaient pour la plupart des officiers de la garde, dont plusieurs étaient venus avec leurs femmes. Quoiqu'on s'entretînt beaucoup de guerre, de campagnes et de manœuvres pendant le repas, il y régna une gaîté décente. M. Réaut était un homme fort distingué par ses manières, et son épouse faisait on ne peut mieux les honneurs de sa maison.

FIN DU PREMIER VOLUME.

www.ingramcontent.com/pod-product-compliance
Ingram Content Group UK Ltd.
Pitfield, Milton Keynes, MK11 3LW, UK
UKHW021055270726
13967UKWH00012B/1421